杨国荣 著 作 集 ┃ 增订版 ┃

孟子的哲学思想

杨国荣◎著

华东师范大学出版社

·上海·

图书在版编目（CIP）数据

孟子的哲学思想／杨国荣著. —增订本. —上海：
华东师范大学出版社,2021
（杨国荣著作集）
ISBN 978－7－5760－1248－4

Ⅰ.①孟… Ⅱ.①杨… Ⅲ.①孟轲（约前 372—前
289）—哲学思想—研究 Ⅳ.①B222.55

中国版本图书馆 CIP 数据核字（2021）第 046867 号

杨国荣著作集（增订版）

孟子的哲学思想

著　　者　杨国荣
责任编辑　朱华华
审读编辑　王海玲
责任校对　时东明
装帧设计　卢晓红

出版发行　华东师范大学出版社
社　　址　上海市中山北路 3663 号　邮编 200062
网　　址　www.ecnupress.com.cn
电　　话　021－60821666　行政传真 021－62572105
客服电话　021－62865537　门市（邮购）电话 021－62869887
地　　址　上海市中山北路 3663 号华东师范大学校内先锋路口
网　　店　http://hdsdcbs.tmall.com/

印 刷 者　上海雅昌艺术印刷有限公司
开　　本　700×1000　16 开
印　　张　16.25
字　　数　201 千字
版　　次　2021 年 5 月第 1 版
印　　次　2021 年 5 月第 1 次
书　　号　ISBN 978－7－5760－1248－4
定　　价　79.80 元

出 版 人　王 焰

（如发现本版图书有印订质量问题,请寄回本社客服中心调换或电话 021－62865537 联系）

目　录

引　论

　　在中国历史上,孟子长期被尊为亚圣,其地位居于孔子之侧。与孔子一样,孟子成为儒家文化的一种象征,而孔孟并尊,确实也逐渐构成了儒家文化的基本格局。

　　作为亚圣,孟子的历史影响首先与儒学联系在一起。儒学奠基于孔子,在孔子的时代,儒学并没有取得独尊的地位,其主张也远未得到社会的普遍认同。孔子之后,墨、道、法等学派曾对儒学提出责难和批评。到战国时代,处士横议,诸子蜂起,百家争鸣趋于高潮,儒家的地位似乎进一步受到了墨、道各家的冲击,所谓"杨朱、墨翟之言盈天下,天下之言不归杨,则归墨"①,

———————————

① 《孟子·滕文公下》。

便反映了这一历史状况。面对来自各个方面的挑战,儒学不能不作出理论上的回应。这种历史的需要,在某种意义上将孟子推向了时代的前沿。孟子在战国时代有好辩之名,这种好辩往往带有论战性质,他在回应各种挑战的同时,从另一个方面展示了儒学的深沉内涵与理论力量,正是通过正面的理论建树与积极的理论争鸣,孟子使孔子开创的儒学传统得到了延续,并进一步维护了其显学的地位。唐代的韩愈在追溯儒家的道统时,曾认为圣人之道从孔子而传到了孟子,换言之,孟子有承继儒家精神命脉的历史功绩。从儒学的衍化看,这一评价并不为过。

孟子的时代,历史开始进入大一统的前夜(孟子之后不到百年,秦始皇便完成了统一大业)。作为思想敏锐的哲人,孟子已开始注意到这一时代特征,当梁惠王问他"天下怎样才能安定"时,孟子的回答便是:唯有归于一统,才能达到安定。以这种历史意识为前提,孟子提出了仁政的构想,企望将仁政推行于天下。孟子的仁政主张包含了不少天真的幻想,难免有迂阔之处,但使天下普遍实行王道的理想,毕竟折射了走向大一统的历史趋势,而其仁政观念对于抑制法家的暴力原则,亦有不可忽视的历史价值。从孔子的仁道到孟子的仁政,儒家的道德哲学进一步展开为政治哲学,后者在历史上形成了难以抹去的影响。

文化体系的核心是价值观念,儒学对中国文化的影响,更多地以价值观念为中介。在孔子那里,儒家的价值系统已具体而微。然而,作为儒学的开创者,孔子的思想还带有原始的浑朴性,这种浑朴性既使孔子避免了价值取向上的某些片面性,又使其不少观念未能具体展开。在上承孔子思想的同时,孟子从天与人,主体自由与超验之命,自我与群体,道德原则与具体境遇,功利与道义,以及人格理想等方面,对原始儒学作了多方面的引申和发挥,并使之进一步系统化。

正是在孟子那里,以善的追求为轴心,强调人文价值,崇尚道德自由,注重群体认同,突出理性本质,要求人格完善等儒家的价值观念取得了更为完备的形式,并趋于成熟和定型。如果说孔子是儒学的开创者,那么孟子则从不同方面丰富和深化了儒学。

当然,孟子在展开孔子思想的同时,也凸显了儒学的某些负面趋向。在天人关系上,以仁为核心的人道原则固然得到高扬,并被赋予更为具体的内涵,但对自然的原则不免有所忽视;在名实之辩上,理性环节获得了较多考察,但感性闻见则未能得到应有的定位;在力命关系上,道德领域的主体自由诚然被视为题中应有之义,但经天纬地的历史创造却被淡化;在义利关系上,道义的内在价值一再得到强调,但功利的意识却被过分地抑制。此外,群体原则的提升与个体原则的相对弱化,拒斥异端所蕴含的独断趋向,现实的批判意向与往古的理想化之间的纠缠,等等,这些方面使孟子所系统化的儒学又呈现出复杂的意蕴,并相应地对中国传统文化形成了多重影响。

按传统的看法,儒学以内圣与外王为主题,在孔子那里,二者已开始得到双重确认。相对而言,孟子对内圣予以了更多的关注。尽管孟子本人并非远离经世之域,但其价值追求的逻辑归宿,则是内圣之境。他把自然(天)的人化主要理解为化天性为德性,将人的自由限定于自我的道德选择,突出道义的内在价值,强调自我意识(良知)的功能,以求其放心为学问之道,等等,处处展示了一种内圣的定向。在理想人格的设定上,这一思路表现得更为明显。人格的完善是儒家基本的价值目标,在儒家那里,善的追求最后总是指向理想的人格境界,不妨说,正是人格的设定,集中折射了其价值取向。按孟子的看法,完美人格的根本特征,体现于其内在德性,自我的实现(从本然的我走向理想的我),首先便以仁、智等内在品格的形成为标志,成人(达到理想人格)的过程则相应地以内在的善端为出发点,并表现为这种善端的自我展开。较之孔子及后起的荀子,孟子更多地向人们展现了一种内圣之境,而儒学的内圣走向,也由此获得了其历史的源头。

第一章

生平与时代

春秋战国时期,邹鲁一直是人文荟萃之地。公元前551年,孔子出世于鲁国,一个多世纪后,与鲁毗邻的邹国诞生了另一位文化巨人——孟子。

一、少 年 时 代

孟子,名轲,其生卒的具体年月,历来说法不一,根据《孟子》一书所载事迹,其生活年代大约在公元前385年到前304年之间。孟子的祖先是鲁国的贵族。鲁桓公的庶子仲孙氏、叔孙氏、季孙氏号称"三桓",仲孙氏又名孟孙氏,而孟子即孟孙氏的后代。战国时期,曾经称雄鲁国的三桓,其地位已非昔日可比,孟子的先人不得不从鲁迁到了邹。

孟子虽是贵族的后代,但其少时,家道早已中落。童年时代,他的父亲又过早地去世,留下孤儿寡母,相依度日,孟子早年生活之艰辛,由此亦可想见。由于父亲早亡,生活与教育的双重责任都落到了他母亲肩上。孟子的母亲对孟子期望甚高,为培养孟子颇费精力。根据流传下来的传记资料,孟子幼年时,他的家坐落在坟地附近,周围时有丧葬的队伍经过,并常常可以看到落葬的仪式,小孩往往喜欢摹仿,丧葬仪式接触多了,便自然而然也去学样,孟子幼时即常做丧葬的游戏。孟子的母亲担心长此以往,对孟子的健康成长不利,于是迁居到较为热闹的集市附近。但集市是商贩活跃的地方,推销各种商品的叫卖声几乎终日不断,时间久了,孟子也不免受其影响,注意力往往集中到学叫卖上。孟母见此情景,意识到商贩活动之地也非孩子成长的合适环境,于是决定再次搬迁。经过一番考虑、选择,最后决定安家于靠近学校的地方。当时学校除传授知识之外,还注重礼仪的训练,身处这种环境,耳濡目染,幼年的孟子渐渐对礼仪产生了兴趣,平时常常在桌上放些礼仪用品,做各种祭祀的游戏,并且摹仿揖让的礼节,举止颇合规范。在多次选择之后,孟母终于找到了一个教育孩子的理想环境。这一段经历,史称"孟母三迁"。[1]

年岁稍长,孟子的母亲便设法使他接受当时较为系统的教育。开始,孟子并不很用功,常常把学习的功课丢在一边,到外边游玩。一次,孟子玩后归来,正好遇到母亲在家织布。孟母问他学习情况如何,孟子随口答道:也就这样罢!孟母看到他对学习如此漫不经心,十分生气,一下把织布机上的布割为两段。孟子见此情景,吃了一惊,忙问:为什么要断布?孟母缓缓地说:让你念书,获得知识,是为了使你成才,现在你荒废学业,不思上进,就像我割断布机上的布一

_____

[1] 参见刘向:《列女传》。

样,只能成为废物。如果再这样虚度光阴,将来就只能成为劳力者了。母亲这番语气沉重的话,对孟子触动很大。此后他便埋头于诗书之中,一心走知书达礼的正道。这段故事,历史上称为"断杼教子"。①

孟母三迁与断杼教子的具体细节是否真实,现在已不可考。不过,孟子自幼受到较为严格的家庭教育,并主要在母亲的引导下走上诗书诵读之路,这恐怕还是事实。对照孟子后来的思想,其早年的这些逸事似乎不完全是虚构。《孟子》一书的第一篇便记载了孟子与梁惠王关于义利的一段对话,孟子的基本观点是:"王何必曰利?亦有仁义而已矣。"从中,我们不难看到早年经历的某些影响:孟子对功利的鄙视,其源似乎可以追溯到孟母有意远离集市的商贾牟利活动,如果孟子始终定居于商贩云集之地,并在商贩的叫卖声中度过了青少年时代,其后来的观点与思路也许会另有一番面目;又假定孟子未能从游乐中猛省,则其尔后的圣人气象或许也不易形成。

二、在百家争鸣中重振儒学

严格的家庭教育,使孟子自幼便形成了认同儒家思想的倾向,从孟子儿时摹仿"揖让进退"之礼中,就不难看到这一点。稍长之后,孟子便入子思一系的儒学之门,开始接受更系统的儒家教育。子思是孔子的孙子,从师承关系上看,孟子与孔子所开创的儒家学派显然一脉相承。按《史记》的记载,孟子曾师从子思的门人,为子思之再传弟子。从思想倾向看,孟子与子思确实有较多的相近之处,也许正是有见于此,后世常常思孟合称。

①　参见刘向:《列女传》。

不过，孟子虽然受学于子思之门，但其志向并不仅仅是弘扬子思之学，而是进一步上承孔子。孟子对孔子推崇备至，《孟子》一书中赞美孔子的话几乎随处可见。在他看来，自从有人类以来，还未有一人可以与孔子相比，而他自己的愿望则是效法孔子。尽管由于时代的前后悬隔，孟子未能直接亲炙孔子，但他始终以孔子的"私淑"后学自居。平实而论，孟子也确乎可以被视为孔子的思想传人。

作为一代大儒，孟子不仅致力于儒学在理论上的进一步完备，而且为光大儒学作了独特的努力。儒家学派虽然在春秋末年已号称显学，但随着诸子的蜂起及百家争鸣的展开，儒家逐渐受到了各种冲击，其显学地位也开始受到挑战。在孟子的时代，"处士横议"已成为普遍的现象，其中墨子与杨朱学派的影响尤为引人注目。墨家学派在春秋末年已与儒家并称显学，它以"兼相爱""交相利"为基本主张，将原始的人道原则与现实的功利原则结合起来，从而既满足了人们对仁爱的渴求，又合乎人们求利的需要，在理论上颇具吸引力，其声势似乎已渐渐压倒了儒家。杨朱学派以利己为原则，突出了个体的权利意识，这在个人往往难以掌握自己命运的战乱之秋，自有其打动人的地方。此外，法家学派此时也已崛起，他们鼓吹耕战，崇尚暴力，这种学说较之儒家的仁道原则，似乎更迎合了大小诸侯的口味。

如果说杨、墨等主张在理论上向儒家提出了挑战，那么张仪之流的纵横家，则以其政治权谋，在实践上否定了儒家成圣的人格理想。他们或者主张"合纵"，即联合各弱国以抗衡某一强国，或者主张"连横"，即依附一强国以攻众弱国，其手段则不外乎玩弄谋略术数。正是凭借谋术，纵横家们获得了权倾天下的地位。纵横家与儒家所推崇的圣人、君子，是两种截然不同的人格：圣人与君子具有完美的德性，并注重以德性的力量去感化当政者，纵横家则常常为了达到自己的政治目的而不择手段，甚至置人格廉耻于不顾。然而，在现实政治舞台上,扮演主角的并不是儒家的彬彬君子,而恰恰是以谋术见长的纵横家。从《孟子》一书中也可以看到这种情况,与孟子同时代的景春曾当着孟子的面赞颂纵横家:公孙衍(主张合纵者)、张仪(主张连横者)真是大丈夫,他们一发脾气,诸侯都害怕,平静时,则天下安然无事。[①] 纵横家的得势从一个侧面表明:儒家已受到了历史的冷落。

百家争鸣对儒家的冲击,以及儒家在现实政治中的边缘化趋向,在某种意义上使儒学走向了历史的低谷。如何重振儒学? 这便是孟子所面临的重要时代问题,而孟学在儒学衍化中的地位,也与这一问题相联系。孟子本人对这一问题具有相当程度的自觉。当时人们普遍认为孟子好辩,孟子的弟子公都子曾问孟子何以喜欢与人论战(好辩),对此孟子作了一番解释。他说:我之好辩,是不得已。孔子之后,天下再没有出现圣王。诸侯无所忌惮,在野的知识分子也横生议论,杨朱、墨翟的主张充塞天下,孔子之道反而难以发扬,从而造成邪说欺骗百姓、仁义的原则无法实行的局面。我对此深为忧虑,于是起而捍卫先王之道,抨击杨墨的学说,驳斥各种荒谬的观点,以端正人心,上承周公、孔子之道。[②] 孟子的一生,确实为此作了不懈的努力。

孟子对儒学的振兴,具体表现为两个方面。首先是通过发挥与深化儒家的基本观点,使儒学逐渐趋于完备和定型。作为儒家的开创者,孔子已大致奠定了儒学的基本框架,但它在理论上还有待于展开。孟子由师从孔子门人子思,私淑孔子等方式而接受了儒家的基本原则,由此出发,又进一步从天与人、群与己、主体自由与外在天命等关系上,对儒家学说作了系统的阐发,并使之得到了多方面的展开。可以说,正是在孟子那里,儒学获得更为丰富的内容,并进一步

---

① 参见《孟子·滕文公下》。
② 参见《孟子·滕文公下》。

展示了其深沉的理论力量。孟子不仅使儒学的传统得到了承继,而且使之在百家争鸣中保持了某种理论上的优势。

与正面的理论建树相辅相成的,是所谓"息邪说""放淫辞",即通过论战,以拒斥儒家之外的各种学说与观点。前文已提及,孟子在战国时期有好辩之名,这里的辩,即是一种学术思想上的争论。纵观孟子一生,他几乎与当时各派都展开过不同形式的论战。在滕国,他曾与农家的陈相就社会分工等问题进行争论,肯定了"劳心者治人,劳力者治于人"的合理性;当告子在人性问题上对性善说提出异议时,孟子反复诘难,以论证人性本善;听到景春盛赞纵横家,孟子立即予以回驳,以为公孙衍、张仪一味取悦诸侯,只是"妾妇之道",根本不能算大丈夫;至于墨子、杨朱之说,孟子更是拒之不遗余力。总之,好辩的形式所内含的历史意义,乃是对儒学的维护和弘扬。

从先秦乃至整个中国文化史看,孟子的一生始终与儒学息息相关。时代向儒学提出了严峻的挑战,孟子则通过正面的理论建树与"拒杨墨""放淫辞",对这种挑战作出了历史的回应。孔子开创的儒学之所以能挺立于百家争鸣之中,并得以延续和发展,确乎有赖于孟子的努力。也正是这种独特的历史作用,使孟子几乎与孔子并列,成为儒家文化的象征,并在后世逐渐获得了亚圣的殊誉。

三、从奔走列国到潜心于教育

儒家并不是书斋中的思辨型学者,从孔子开始,儒者便抱有安邦济世的志向,并时时关注着社会的治乱变迁。孔子曾数度出仕,在受挫于鲁国之后,又带着弟子周游列国,为实现其政治理想颠簸奔走于诸侯之间。与孔子一样,孟子并未囿于对儒学的理论阐述,而是力图将儒家的基本原则化为具体的政治主张,并进而将其推行于天下。

战国时代,历史进入了群雄角逐的阶段。诸侯之间或合纵,或连横,大小战争持续不断,给社会带来了极大破坏。从总体上看,当时各国基本上已经或正在完成从奴隶制向封建制的过渡,时代的主旋律已经开始从生产方式的变革,转向结束灾难性的彼此征伐,实现天下的安定。在某种意义上,战国可以说已经处于大一统的前夜。作为思想敏锐的哲人,孟子已明确意识到了这一时代特征。当梁惠王问他"天下怎样才能安定"时,孟子便回答:天下归于一统,便能安定。① 如何才能完成天下的统一? 围绕这一时代问题,当时的诸子百家提出了不同的主张,其中的主要分歧存在于儒法之间。法家崇尚暴力与耕战,与此相联系的则是"霸道";作为儒家的传人,孟子对法家的霸道深感不满,并作了种种抨击。在他看来,要使天下归于一统,根本的途径便是实行王道,而王道则具体体现于仁政。怀抱以上政治主张,孟子在中年以后开始游历各国,往返于诸侯之间,以求实现其仁政理想。

　　孟子出游时,已经具有相当的社会声望和社会地位,门人弟子也为数甚众。根据孟子弟子彭更的描述,每当孟子出行,后面总是跟着数十辆车,数百名随行者,队伍颇为壮观。这种描述也许有些夸张,但孟子出游列国时,已非贫寒之士,这恐怕还是事实。公元前 320 年,孟子首先来到魏国。当时魏国连年在军事上失利,先是公元前 353 年桂陵之战,魏军为齐国所败,数年后(公元前 341 年),魏伐赵国,赵国与韩国联盟,开始魏国进军颇为顺利,但后来韩国向齐求救,齐军采用围魏救赵之术,在马陵再次大败魏军,魏太子及大将庞涓均被杀。又过了若干年(公元前 330 年),秦、齐、赵三国联合伐魏,商鞅率秦军与魏军战,结果秦军获胜,魏国只得割地求和,紧接着(公元前 327

---

① 参见《孟子·梁惠王上》。

年），楚国又派兵攻魏，占据魏国八座城。接连的打击使魏国迫切希望获得策略上的指导，以重振国威。孟子的来访，正是以如上变故为背景，因而梁惠王开始时对他颇寄厚望。但几次交谈，孟子都对他大讲仁义。当梁惠王问他，如何才能使魏国一洗数年战败之耻时，孟子的回答便是"施仁政"，而其具体内容则不外乎减免刑罚、减轻赋税，使人们都能孝顺父母、敬爱兄长，为人尽心竭力，待人忠诚守信，等等。在孟子看来，如果能做到这一切，便可以用木棒来抗击具有坚甲利刃的秦、楚军队，因为仁者必然无敌天下。① 对功利之心急切的梁惠王来说，孟子的仁政方案显然缺乏吸引力，除了表面上的敷衍外，梁惠王并没有把孟子的话真当一回事。

　　孟子到魏国的第二年，梁惠王便死了，继位的是其子梁襄王。孟子曾会见了他一次，出来后便对人说：梁襄王这个人看上去就不像个国君的样子，与他接触，也看不出威严所在。因此，不久孟子就离开了魏国来到了齐国。当时齐国执政的是齐宣王，他一向好士，并特地在齐国都城临淄设立稷下学宫，广招天下名士，安排住宅，赐以大夫的俸禄，邹衍、慎到、田骈、环渊等都曾到过稷下，最盛时，整个稷下学宫几乎会聚了上千人。初到齐国，齐宣王对孟子敬若上宾，礼遇有加。齐国在齐桓公时，曾是春秋五霸之一，齐宣王很想恢复昔日的霸业，因而一见孟子，便向他请教齐桓公及晋文公在春秋时代是如何成就霸业的。孟子的回答是：孔子的学生从来不谈齐桓公、晋文公的事迹，我也无从得知。如果你一定要我说，那我还是讲讲如何行王道吧。接着便开始劝说齐宣王保民而王，并具体介绍王道的内容。孟子先从齐宣王不忍杀牛祭钟说起，以为如果将这种不忍之心运用到

------

　　① 参见《孟子·梁惠王上》。

老百姓之上,便可以行仁政,并最终成就王道。① 尽管孟子纵横论证,说理透辟,但在追求霸业的齐宣王看来,仁政善则善矣,却毕竟不切实际。孟子实现仁政的愿望又一次落空了。

在齐国,孟子先后逗留了五六年之久。本来孟子对齐国抱有较大希望,以为齐是一个大国,在齐实行王道或仁政似乎易如反掌,但现实却使他再次碰壁。齐宣王虽然表面上对他十分尊敬,但从来没有认真采纳他的主张。给他一个卿的位置,也不过是摆摆样子。即使偶尔派他到别国吊丧,也让一个副使跟着,实际的使臣权力完全由副手掌握,弄得孟子相当难堪。更使他失望的是齐伐燕一事。公元前316年,燕王哙让位给燕国之相子之。两年后,燕国发生内战,死了数万人,老百姓怨声载道。齐国出兵伐燕,30天内便攻占整个燕国,燕王哙死于战乱,子之不知去向。不久,秦、赵、楚等国准备出兵伐齐。齐宣王得知后十分紧张,问孟子该怎么办。孟子当即劝他马上撤军,并与燕人相商,为燕国重立新的君主。但齐宣王未接受孟子的建议,结果燕人群起反抗齐国,把齐军赶出了燕。经过这场事变,孟子进一步看出齐宣王无意推行其政治主张,自己在齐国已不可能有所作为,于是决定离开齐国。临行时,孟子的心情既矛盾又沉重,多年努力所得到的结果,竟是在孤寂中离去。到齐国边境一个叫昼的地方,孟子又住了整整三天,心中仍抱着一丝幻想,希望齐宣王会猛然省悟,派人来挽留他。但这种幻想依然是一厢情愿的,在最终幻灭之后,孟子一步三回头地离开了客居多年的齐国。

告别齐国之后,孟子先到了宋国。宋是一个小国,地狭人少,面临强国的威胁,处境艰险,但宋的国君不思奋发图强,终日沉溺于酒色之中,其周围则尽是一些阿谀逢迎的小人。目睹此状,孟子感到宋

---

① 参见《孟子·梁惠王上》。

亦非久留之地,便向宋君辞行,宋君送给他70镒(一镒约合20两)杂金作路费,孟子考虑到此行路途遥远,手头确实有些拮据,也就接受了。

多年奔波在外,一直没有机会回老家看看,政治上的不得志,更使孟子在惆怅之余增添了几分乡思。离开宋以后,孟子便回到了阔别多年的邹国,在那里住了一段时间。公元前309年,孟子又接到滕文公的邀请,离开邹国前往滕国。滕国与宋一样,都是小国,方圆不足50里,又处于齐楚两个大国之间,地理位置十分不利。不过与昏聩的宋君不同,滕文公倒是个向往王道的君主,并愿意在国中实行仁政。早在当太子时,滕文公在宋国与孟子见过一次面,孟子言必称尧舜,并向他讲了一通人性本善之道理。孟子还勉励滕文公,说滕国虽小,但如果好好治理,完全可以成为一个礼仪之邦。这一次交谈给滕文公留下极深的印象,他曾对人说:孟子在宋给我讲的那一番话,我终生难忘。当其父亲滕定公去世时,他立即派使臣到邹国向孟子请教如何行丧礼,孟子对这种诚恳的态度大为赞赏,并建议滕文公行三年之丧。使臣回滕国转告了孟子的意思,但滕国的老臣旧吏都不以为然,认为滕的祖先从来未行过这种丧礼。滕文公无奈,只能再次命使臣去邹国问孟子。孟子回答说:这种事不能人云亦云,君主爱好什么,臣下必然会群起效法,此事要由滕文公自己拿主意。使臣将孟子的话带回滕国,滕文公于是下决心按孟子的意思办。举行葬礼之日,四方的人都来观礼,滕文公容颜悲伤,泣声哀痛,吊丧的人看后都十分满意。行礼所带来的这一良好反响,增强了滕文公施仁政的信心,他三请孟子到滕国来,主要也是为了在这方面得到孟子更多的帮助。孟子从中似乎隐隐地看到了实现仁政的希望,因而乐于赴滕。

一到滕国,滕文公便急切地问孟子应如何治国。孟子认为,当务之急是关心老百姓,使大家都能安居乐业。为此,首先应制民之恒产,也就是给人民以一定数量的土地,使之上足以养父母,下足以负担子女。在此基础上,再办学校来教育他们,使老百姓都能懂得人与人之间的关系,以及必须遵守的行为准则。最后,孟子勉励滕文公:只要去做,滕国必定会气象一新。滕文公听后很受鼓舞,随后又派一个名叫毕战的大臣去向孟子进一步请教有关井田制的情况。孟子见滕文公颇有诚意,很是高兴,对毕战说:你的君主准备行仁政,特意命你来问我,你得好好干! 接着又指出,实行仁政,确实应当从划分整理田界开始,田间界限理正、制民以恒产、确定公私职责,便很容易了。至于具体实行,便得由滕文公来定了。①

在滕国的最初日子里,孟子的内心似乎重新燃起了希望之火,尽管此时他已是年逾六十的人了,但仁政理想将在滕国成为现实的前景,仿佛使他忘了老之将至。然而,这种希望并没有持续多久。滕国毕竟只是弹丸之地,又处于大国的夹缝中,时时能感受到齐、楚虎视眈眈的目光。滕文公纵有行仁政的真诚愿望,但现实的压力却使他不能不首先关心滕国的生存问题。执政之初的政治热情过后,滕国的安全便成为首要的关注之点。齐国将在靠近滕的薛地筑城,滕文公得知后马上紧张地问孟子:我该怎么办? 在此之前,他已问过孟子:滕国处于齐楚之间,该听从齐,还是听从楚? 对弱小的滕国来说,这是一个相当现实的问题,然而,一涉及这些具体问题,孟子便显得无能为力了。当滕文公问他事齐还是事楚时,孟子只能老实地回答这个问题他无法解决,他能提供的唯一建议,便是深挖城河,坚筑城墙,与老百姓共存亡。这显然是一种空论,无补于实事。滕文公进一步向他求教,孟子的回答则更为玄远。他从周的先祖太王谈起,说太王居于邠地,不断遭到夷狄的侵犯,王子以毛皮、名马、珠宝求和,狄

---

① 参见《孟子·滕文公上》。

人还是继续侵犯,结果只好离开邠地到岐地,重建了一个城邑,而原来的老百姓都跟着他,这是因为太王为人仁厚有德。最后,他得出结论:只要滕文公实行仁政,那就一定能对付强邻。[①] 这番议论较之与百姓共存亡之类的空泛之论,无疑显得更为迂阔,它对于解决滕国的燃眉之急,并没有实际的意义。不难看出,这里已隐隐地透露出孟子仁政理想与现实之间的历史脱节。仁政理想善则善矣,却难以适应当时的历史需要,在现实的困境之前,仁政的理想似乎越来越呈现出抽象与苍白的内在弱点。当一种政治主张难以应付现实挑战时,其价值便成问题了。在滕文公从求教如何行仁政,到探询解决现实困境的具体策略这一现象的背后,是其兴趣的转向,它表明,仁政的理想对滕文公已没有多大吸引力。孟子也看出了这一点,在滕国待了一两年后,又心情忧郁地回到了邹国的老家。在滕的时间虽然不长,但在孟子的人生旅程中却是重要的一段:它在某种意义上可以看作是孟子为实现仁政理想而作的最后一次努力。

从赴魏劝说梁惠王,到居滕国鼓励滕文公行仁政,前后十余年,孟子为实现自己的政治理想而奔走于各国,虽屡遭挫折而仍壮志不已,表现了强烈的使命意识及参与热情。这种安邦济民的精神,体现了儒家的淑世观念,它上承孔子的弘道传统,下启以天下为己任的经世思想。不过,与孔子一样,孟子的政治实践在总体上是不成功的,尽管表面上他似乎处处受到礼遇,甚至一度跻身于卿大夫之列,但事实上一再被冷落,始终处于政治舞台的边缘。对诸侯来说,他仅仅不过是一种政治点缀品。齐宣王对孟子的态度最为典型地表现了这一点。他曾打算在京城中给孟子一幢房子,以万钟(一钟为六石)的粮食来供养孟子及其弟子,使之成为齐国官吏和老百姓效法的榜样。

---

① 参见《孟子·梁惠王下》。

这里的意图很明显,即借助孟子的道德声望以自重。孟子当时也深深地意识到自己在政治上的不得志,在他看来,他在政治上的磨难与坎坷并非个别人使然,而是天意如此。有一次,鲁平公想亲自去见孟子,车已备好,但鲁平公的宠臣臧仓却讲了不少孟子的坏话,结果鲁平公临时取消了计划。孟子得知此事后,作了如下解释:我不能与鲁平公会面,是天命的安排,臧仓那小人哪有那么大的作用?[①] 孟子似乎没有注意到,其政治理想未能实现的真正缘由并不在于冥冥之中的神秘天命,而是这种理想本身的抽象性(未能反映历史的真实需要)。孟子固然意识到了大一统的时代趋势,但他以施仁政为达到这一历史目标的途径,并要求通过王道来终结战乱和暴政,在当时注定只能是一种善良的幻想。孟子的悲剧在于他始终未能清醒地认识到这一点。

在历经种种坎坷之后,孟子终于告别了政治舞台,此时他已是六十多岁的老人了。与孔子一样,孟子的晚年主要从事教学,其大部分时间都是在弦歌诵读中度过的。除传授弟子外,他的另一项工作便是与公孙丑、万章等几个较为得意的门生一起整理自己多年的言论,编成《孟子》一书。按《汉书·艺文志》记载,《孟子》共有十一篇,其中内书七篇,外书四篇,但据后人研究,外书并非孟子的作品,这四篇到南宋时便已佚失,现在传下的是《孟子》七篇,其中既包含了孟子的主要思想,也记录了他的生平,是研究孟子其人及其思想的第一手资料。

四、知言、养气及其他

孟子一生中既长期从事文化建设工作,又以淑世的精神投身于

---

① 参见《孟子·梁惠王下》。

政治实践,身历诸子百家的争鸣与政治上的各种风波,逐渐形成了丰富而独特的个性世界。对此,他曾有一个自我评判。在孟子门下学习的公孙丑曾问孟子:先生之所长表现在哪些方面?孟子将自己的特点概括为两条:一是知言,即善于分析别人的言辞;二是善养浩然之气,即培养内在的道德境界。这两个方面确实很集中地体现了孟子的个性。①

在孟子那里,养气首先表现为培养独立的人格。作为儒家的开创者,孔子给人的印象,首先是一个敦厚的长者,相形之下,孟子则始终以自尊而凛然不可犯的形象挺立于世。即使王公贵族,如果未能尽礼,孟子便会立即作出相应的反应,决不屈就。一次,齐王本当去看孟子,但后来借口有病不能吹风,让人转告孟子,要孟子上朝去见他。孟子马上以其人之道还治其人之身,请来人回报齐王,说是自己也有病,不能上朝。齐王自知失礼,特派医生去看孟子,但孟子仍拒绝上朝。后来一个叫景丑的人责难孟子,说臣对君应恭敬,而孟子则对齐王似乎不恭,于礼不符。孟子回答道:天下公认为尊贵的东西有三样,即爵位、年龄、道德,君主怎么能凭着爵位而轻视长者与有德性的人呢? 真正有作为的君主,应当礼贤下士。② 这里体现的是对独立人格的追求。事实上,当孟子批评公孙衍、张仪之流依附诸侯,不过是妇妾之道时,便蕴含着对人格独立性的确认。确实,相对于投靠权贵以求荣的末流文士,在孟子那里,我们更多地看到了士的尊严。这种自尊与独立意识对后世的知识分子产生了极为重要的影响。

与维护自我尊严相联系,孟子与人交往,总是把人格上的尊重放在财物钱帛之上。孟子住在邹国时,季子代理任国的国政,特意送来

---

① 参见《孟子·公孙丑上》。
② 参见《孟子·公孙丑下》。

礼物并与孟子交友,孟子接受了礼物,没有立即回报。后来孟子到平陆,储子正好任齐国的卿相,也送礼物来和孟子交友,孟子接受礼物后同样没有回报。过了一段时间,孟子从邹国到任国,登门拜访了季子并与之叙谈,但来到齐国时,却没有去看望储子。他的学生屋庐子得知后,感到很不理解,便问孟子:先生到任国拜访季子,到齐国却不见储子,是不是因为季子是一国的执政者,而储子只是卿相?孟子答道:并非如此。他引《尚书》中有关献祭的论述,认为重要的是遵循礼仪,由此暗示储子未能尽礼。后来屋庐子对别人作了更具体的解释:季子亲自赴邹国,表现了一种真诚的态度;储子却不能亲自前往平陆。也就是说,储子的态度显然没有季子那样郑重,这就是孟子何以拜访季子而不拜访储子的缘由。[①] 从这一逸事中可以看到,孟子十分注重交往过程中的平等原则,对方礼仪周到,态度真切,则我亦报之以礼,反之,如果对方只做一些表面文章,则我也就不必认真理会。

当然,尊重意识过于强烈,有时不免令人望而生畏,这一点,从师生关系上也不难看出。在孔子那里,师生关系往往亲切而随便,学生有时可以对老师提出不同意见,甚至批评老师。相对而言,孟子更多地呈现了一种严师的形象。一次,孟子的学生乐正子到齐国,因为没有马上安顿好,未能当天去看孟子。第二天乐正子去见孟子时,孟子很不高兴,劈头就说:你还想到来看我吗?乐正子感到语气不对,也不知是怎么回事,忙问:老师为什么说这样的话?孟子并不直接回答,转而问道:你到齐国几天了?乐正子老老实实地答道:昨天已到。孟子听后便极为不快地说:既如此,那我刚才说那样的话又有什么可怪?乐正子这才明白孟子生气的原因是自己抵达齐国后没有立即去看望他,于是赶紧解释:昨天没有及时到老师这里,是因为住所

---

① 参见《孟子·告子下》。

尚未落实好。孟子一点也没有放松，继续责问：你难道听说过，一定要住所找好了才来求见长辈吗？乐正子只好向孟子认错。① 在这段对话中，孟子的态度始终咄咄逼人，从中我们不难看到，对师长尊严的维护，显然压倒了对学生的宽厚和关心。确实，就人格形象而言，孟子可敬的一面似乎超过了可亲的一面。

除了突出人格尊严外，养浩然之气还展现为精神境界的升华与精神力量的培植。孟子在战国时代早已名重一时，与各国诸侯又过往甚密，常被待为上宾，以其声望和地位，求荣华富贵无疑轻而易得。然而，孟子虽身处王公贵族之中，但却从来不为个人的富贵而迎合权贵，相反，倒是敢于大胆地批评当政者，这种批评有时相当尖锐，常常使王公们十分窘迫。一次孟子与齐宣王交谈，孟子对齐宣王说，假定有一个人，因事外出，临行时将妻子儿女托付给朋友照看，等他外出归来，其妻子儿女却在挨饿受冻，对这样的朋友，该怎么办？齐宣王说：和他绝交。孟子又说：假如管刑罚的长官不能管束其部下，那该怎么办？齐宣王的回答也很干脆：撤掉他。孟子进而又问：假若一个国家治理得很糟，又应怎么办？这一问题寓意很明显，其矛头直接指向齐宣王。齐宣王当然明白这一点，面对这一难堪的问题，只好"顾左右而言他"。② 对当政者这种直言不讳的讥评，确实需要一种勇气，而这种勇气正是浩然正气的外在展现，它既体现了以天下为重的精神境界，又透示出内在的精神力量。孟子曾批判张仪、公孙衍之流曲意附从君主，认为他们根本称不上大丈夫。在孟子看来，真正的大丈夫总是具有仁义的品格，得志时，与天下之人共同循大道前进，不得志时，也能坚持自己的原则；富贵不能使其忘乎所以，贫贱不能改

---

① 参见《孟子·离娄上》。
② 参见《孟子·梁惠王下》。

变他的志向,强暴不能使之屈服。这种大丈夫的形象,在某种意义上可以看作是孟子自身人格的写照。

孟子的另一特点是所谓知言。与养气主要表现为自我的涵养不同,知言是对他人观点的分析批判。战国是百家争鸣的时代,诸子蜂起,各持一说,相互驳难。为了维护和捍卫儒家学说,孟子对当时各家观点作了种种批评,好辩之名即由此而传开。《孟子》中记载了不少孟子与诸子唇枪舌剑、往返辩难的片段,也留下了不少所谓知言的有趣实例。其中,比较著名的有孟子与农家陈相及告子等人的辩论。孟子的时代,农家已经崛起,有一个叫许行的,与孟子大致同时,便是农家的代表。他有数十个信徒,都穿着粗麻织成的衣服,以打草席、织席子为生。孟子在滕国时,许行的追随者陈相特意来见孟子,并向孟子介绍了许行的观点。农家的基本主张是一切人都应自耕自织,君主也应与老百姓一起耕种,自食其力。孟子则主张劳心者治人,劳力者治于人,当然不赞成许行的那种观点,于是与陈相展开了层层辩驳。孟子先问陈相:你的老师许行种庄稼养活自己吗?陈相回答:是的。孟子又问:许行靠自己织布来做衣服吗?陈相答:不是,许行只穿粗布衣服。孟子问:许行戴的帽子是自己织成的吗?陈相回答:不是,是用米换来的。孟子问:许行为什么不自己织呢?陈相解释说:怕耽误庄稼活。孟子进而问:许行做饭用的锅、耕地用的铁器也是自己做的吗?陈相回答:不是,这些东西也是用米换来的。孟子又问:许行为什么不亲自打铁,做成各种铁器?陈相只好回答:耕地的人无法兼顾工匠的活。孟子乘机反问:既然如此,难道能一方面耕种,一方面管理国家吗?陈相无言以对。孟子由此发了一大通议论,以论证劳心劳力分工的合理性。[①] 在这段对话中,知言与善辩完全融

① 参见《孟子·滕文公上》。

为一体;孟子既抓住了农家否定分工这一要害,又以强有力的逻辑使对方在理论上步步后退,难以招架。

当然,知言与善辩相结合,有时也使之失去了观点的分析批判之意义。墨家讲兼爱,孟子斥之为无父无母,是禽兽,这种辩论,已近乎人身攻击,而缺乏一种宽容的雅量。孟子在对待不同观点时,确实常常火药味很浓,其论战的态度往往妨碍了彼此的理解与沟通。好辩表现在政治生活中,很容易变成强词夺理,在燕国是否可伐这一问题上,孟子之辩,便有这种意味。齐国大臣沈同曾私下问孟子:“燕国内乱,是否可以讨伐?”孟子回答:“可以。”原因是燕国之君子哙不该随便把君位让给燕国之相子之。后来齐国果真讨伐燕国。当时有人问孟子:“先生曾劝齐国伐燕国,是否有这回事?”孟子答道:“并无此事,当初沈同问我:燕国可以征讨齐国吗? 我回答:可以。如果他再问我:谁可以伐燕国? 我就将回答:只有代表天意的人才可以伐燕国。既如此,怎么能说我劝齐伐燕?”①这种辩解在逻辑上固然无懈可击,却很难使人心悦诚服,它使孟子的哲学家形象同时又带上了某种辩士的风格。

总起来看,孟子具有多重性,他既是一个思想家,又长期涉足经世之域,而其理论思考与政治实践则始终与教育活动结合在一起。作为一个文化巨人,孟子的历史影响更多地通过儒学思想而展示出来,从某种意义上说,孟子的儒学思想正是其人格的理论表现。

① 参见《孟子·公孙丑下》。

第二章

天人之辩的价值内涵

人与天的关系是儒家关注的重要问题,孟子在建构其儒学体系时,同样涉及天人之辩。从广义上看,天泛指自然,人则是与自然相对的人文(文化创造与文化成果)。孟子将天与人的区别提到了突出地位,而二者的差异首先便表现为人与禽兽之分。人是一种文明化的存在,禽兽则始终处于自然状态中,二者的关系,从一个侧面展现了人文(人)与自然(天)的关系。按其本质内涵,天人之辩既关联着天道观,又牵涉人道观(包括价值观),孟子以人禽之分作为辨析天人关系的逻辑起点,注重的主要是天人之辩的价值观意义,而其具体的理论探讨,则以孔子为其历史先导。

一、历 史 的 先 导

　　孟子所承继的儒家传统,开创于孔子。在孔子那里,天人关系已得到了认真考察。按照孔子的看法,作为文明时代的主体,人不能倒退到自然状态,而只能在文明化的基础上,彼此结成一定的社会关系。有一次,孔子与弟子一起外出,途中遇到一条河,孔子请他的弟子子路去问一问正在耕地的两位隐士,渡口在何处。其中一位叫桀溺的得知子路是孔子的学生之后,便说,天下到处都是罪恶,你们怎样去改变它? 你与其跟着孔丘,不如跟我们一起逃避社会,回到山野自然。子路回来后,将桀溺的话告诉了孔子。孔子叹了一口气,怅然地说:人不能同禽兽合群,如果不同社会中的人生活,又同谁一起生活呢?[①] 在当时,桀溺一流的隐士注意到了社会的某些弊端,但其态度不是积极地消除弊端,以便使社会更为合理,而是消极地从社会退回自然,这种观点显然将导致否定文明的价值。与之相对,孔子则认为,社会虽然不尽如人意,但作为文明化的存在,人不能因此倒退到自然。

　　人的文化创造不仅仅表现在结成一定的社会关系,而且体现在历史制度上。早在殷代与商代(商朝),中国已经形成了较为完备的礼制(政治、文化制度),周代则使之得到了进一步的发展,这种礼制在一定历史阶段上可以视为文明进步的表征。孔子曾十分动情地说:周朝的礼仪制度是多么丰富啊! 我真愿意依照它。这里固然表现出缅怀旧制度的保守心态,但在它的背后蕴含着一种更为深沉的价值取向:周代的礼制不仅仅是一种过去的历史陈迹,同时又是一种

---

　　① 参见《论语·微子》。

文明的标志,因此,依照周礼(从周)也相应地意味着肯定人类文化创造的历史意义。也正是从相同的前提出发,孔子对管仲相当赞赏,他曾说,如果没有管仲,我们就会像文明尚未发展的民族一样,披散着头发,左边开着衣襟。管仲是春秋时代人,曾辅助齐桓公称霸,并遏制了华夏周边落后民族的侵扰。在孔子看来,对夷狄(文明尚未发展的民族)的抵御,也就是对文明的捍卫,管仲的功绩正表现在这里。

文明的社会作为高于自然的形态,其本身应当以什么为保证? 孔子提出了仁道的原则。孔子的儒学思想以仁为核心,这已是一种被普遍接受的看法,早在先秦,就已有孔子"贵仁"的说法。仁究竟是指什么? 在回答樊迟(孔子的学生)关于什么是仁这一问题时,孔子有一个简要的解释:仁就是"爱人"①。这可以看作是仁的最基本的含义。把仁理解为爱人,体现的是一种朴素的人文观念,它首先意味着肯定人在天地万物中最为贵。《论语·乡党》中有这样一段记载:有一次,孔子住所附近的一座马厩不慎失火,并被烧毁。孔子当时因上朝,不在现场,等他上朝归来,听说此事,马上急切地询问大火是否烧伤人,而并没有打听马的情况。这里所表现的,是对人的关切,它的内在含义是:相对于牛马而言,人更为重要,因此,在人与物(牛马)二者之间,应当关心的是人,而不是物。当然,这并不是说牛马是无用之物,而是强调:牛马作为自然之存在,只具有外在的价值(仅仅是工具或手段),唯有人才有内在价值(自身就是目的)。

把人看作目的,基本的要求就是尊重人。孔子曾对他的学生子游说过这样一段话:现在大家所说的孝,仅仅指能养活父母,如果光是为父母提供物质生活上的条件,而不知敬重他们,那么赡养父母与

---

① 《论语·颜渊》。

饲养狗马又怎样区分?①　这就是说,倘若只有生活上的照顾,而没有人格上的尊重,那就意味着把人降低为物(狗、马)。人作为文明化的存在,并不仅仅是一种有生命的物质,它总是具有不同于自然物的社会本质,这种本质首先是在人与人的相互尊重中表现出来的。孔子要求通过尊重,把对人(父母)的关系与对物(狗、马)的关系区别开来,显然已注意到了这一点。

以爱人、尊重人为内容的仁道原则,其本身以什么为基础? 按照孔子的看法,仁的根基在于孝与悌。孝主要是子女对父母的态度与行为方式,悌则是弟对兄的一种伦理关系。一般说来,亲子关系(父母与子女的关系)及兄弟关系首先以血缘为纽带,因而带有自然的性质,然而,这种关系一旦以孝与悌的形式展开,便不再是一种单纯的自然关系,而是带有人文的意义。孔子要求以孝和悌为仁的基础,其内在的含义就是要求把仅仅以血缘为纽带的自然的关系,提升为一种社会化的伦常关系,它同时从一个侧面突出了仁道原则超越自然的性质。

在讨论孔子学说时,我们常常可以见到一种看法,即认为孔子主张"爱有差等"。所谓"爱有差等",也就是指孔子所说的爱包含着等级的区分,这种区分同时构成对人道原则的限制。这种观点并非毫无根据,因为当孔子把孝悌作为仁的根本时,确实多少将亲子(父母与子女)、兄弟之爱放在优先的地位。然而,由此而否定孔子仁道原则的普遍性,则似乎失之片面。孔子的孝悌为仁的基础,其真正的旨趣并不是以狭隘的血缘关系来限制仁道原则,恰好相反,其内在意向在于赋予这种自然的血缘关系以文明的形式。从本质上说,文明体现的是普遍的族类本质,与这一点相适应,以孝悌为基础与肯定仁道

---

① 参见《论语·为政》。

原则的普遍性,并不存在内在的紧张,从孔子本人的一些论述中,我们不难看出这一点。孔子曾说:年轻人在父母前,应当孝顺,对兄长应尊敬,推而广之,则应博爱大众。在这里,孝悌作为文明化的原则,构成了人类普遍交往的出发点;从亲子、手足之爱到群体之爱(博爱大众),表现为一种合乎逻辑的进展,而儒家的人道原则在这一过程中进一步升华为一种普遍的规范。

当然,按照孔子的看法,人道原则虽然突破了原始的自然关系,但始终没有完全游离于自然之外。在解答何以要实行三年之丧时,孔子对此作了阐释。父母去世后,子女往往吃美味的食物而不觉得味道好,闻动听之音乐而不感到悦耳,住在家里不以为舒适,这是思念父母之情感的自然流露,而守丧三年,便是基于这种自然的心理情态。① 孔子以为三年之丧是天经地义的,这当然不免有些陈迂,但他把服丧与人的自然情感联系起来,则有其应当注意之处。子女给父母守丧,这是孝的进一步体现,而孝又是仁道的基础;既然三年服丧以人的自然情感为内在根据,那么以孝悌为基础的仁道原则也就相应地合乎人的心理情感的自然要求,而并不表现为一种人为的强制。

与以上看法相联系,孔子在强调人的行为应当超越自然的同时,又提出了顺乎自然的要求。顺乎自然当然不是从文明的社会回到自然状态,而是指不应当把人文的规范变成压抑人的律令。在《论语·先进》中,我们可以看到这样一段记载:一次,子路、曾皙、冉有、公西华四个人围孔子而坐。孔子问他的这几个学生:假如有人了解你们,打算起用你们,你们准备做些什么? 子路不假思索地回答:我可以去治理一个有千辆兵车的国家,即使它处于几个大国之间,外有强敌,内有灾荒,我也可以在三年内使国人激发起斗志,并且懂道理,识大

---

① 参见《论语·阳货》。

体。孔子听后微微一笑,又问:冉有,你的志向是什么? 冉有回答:让我去治理一个方圆六七十里或五六十里的小国家,三年之后,可以使人人富足,至于礼仪教化,那只有等贤人君子去搞。孔子听后也未作评论,转而问公西华:你的打算是什么? 公西华回答:我希望学一些礼仪,在祭祀或与其他国家盟会时,穿着礼服,戴着礼帽,做一个小司仪者。最后,轮到了曾皙。当时他正在弹瑟,铿的一声把瑟放下,站起来说:我的志向与前三位不同。孔子道:那又有何妨? 不过是各人说说自己的打算罢了。曾皙便不再有顾虑,从容陈述自己的想法:暮春三月,穿上春天的服装,随同五六位成年人,带上六七个小孩,在河边洗洗澡,在高台上吹吹风,然后一路唱歌,一路回来。孔子听后,深有感慨地说:曾皙的主张正合我之意。

子路、冉有、公西华的主张,表现了一种社会的抱负,相对于此,曾皙所向往的,是一种自然的境界,这种境界当然不是与禽兽合群,但通过悠游于山水之间以陶冶、渲畅情感,毕竟较多地体现了人与自然的联系,它意味着,在从自然走向文明的同时,不应当使文明社会的规范和原则与自然截然分离,换言之,天(自然)与人(人文)应当统一。

当然,就总体而言,在天人关系上,孔子基本的思维趋向是突出人文价值(仁道原则),正是对人文的关注,赋予儒家以不同于其他学派的特点,并相应地为孟子的思想提供了历史的先导。

二、从人文关怀到仁政构想

作为儒学的传人,孟子在天人关系上大致承继孔子的思路,并作了多方面的发挥。

如前所述,孟子将人与禽兽之分提到了突出地位,并反复加以辨析,这一问题所涉及的,实质上也就是人文与自然的关系。禽兽是一种自然的存在,如果一个人停留在自然的状态,那么他与禽兽也就没有什么区别了。具体而言,究竟是什么使人超越了自然? 对这一问题,孔子并没有作更多的解说,孟子则试图对此作理论上的阐释。在他看来,凡是文明社会中的人,都具有普遍的心理结构。这种心理结构有四重内容,即恻隐之心(同情心)、羞耻之心、恭敬之心以及是非之心,这些心理要素构成了善的萌芽(善端),并使人不同于自然的存在,而具有一种文明化(人文化)的特征。①

孟子以舜为例,对人不同于禽兽的内在特征作了较为具体的说明。舜是儒家心目中的圣君,也是人文的完美象征。孟子认为,舜住在深山时,周围尽是树木乱石,到外边走走,所遇到的是鹿、猪等动物,从外在的形式看,这时的舜与尚未进入文明社会的初民似乎并没有什么不同。但两者毕竟还存在若干内在的差异,这种差异即在于,作为文明化的人,舜一开始便具有恻隐之心、羞耻之心等善的萌芽,正是这些善的心理要素,使舜即使生活在深山野林之中,也能展现出人之为人的本质特征,并对文明社会的道德现象产生一种强烈的心理共鸣。例如,他一旦听到一句合乎道德规范的话,看到一件善的行为,便马上加以肯定并积极推行。这种向善的力量,就好像江河决了口一样,没有任何力量能够阻止住。②

孟子把人与禽兽、自然状态与文明的社会区别开来,并要求超越自然的状态而使人提升到文明的层面,这确实体现了奠基于孔子的儒家人文主义传统。不过,孔子的人文主义趋向更多地表现在对仁道原则本身的阐述,孟子则从人性之中去寻找人不同于禽兽的本质

---

① 参见《孟子·公孙丑上》。
② 参见《孟子·尽心上》。

规定,从而使仁道原则与内在的心理结构联系起来。在孟子看来,作为文明社会基本规范的仁道原则,便是以人的内在心理结构为出发点,他明确指出:恻隐之心即仁的萌芽形式("恻隐之心,仁之端也")。孔子曾认为,孝是仁道的基本形式之一,而其根据则是子女思念父母的情感,但在孔子那里,这种情感带有自然流露的特点,而孟子所说的恻隐之心、羞耻之心等,则是一种人所特有的道德情感,因而更多地带有文明化的色彩,就此而言,孟子似乎更突出仁道与自然的区分。

恻隐之心等作为一种内在的心理情感,主要表现为主体意识。以恻隐之心等为仁道原则的本源,是不是意味着将仁道的要求仅仅限制在主体意识的层面? 孟子的看法是否定的。按照他的理解,作为文明的象征,仁道原则应当超越个体的内在意识而成为一种普遍的社会准则,正是根据这一观点,孟子进而从不忍人之心(仁心)推出了不忍人之政(仁政)。他说:每个人都有同情别人之心,古代的圣王正是本着这种普遍的同情心去治理国家,因此而有仁政。如果现在能够实行仁政,那么安定天下就易如反掌。关于仁政,孟子有一些具体的设定,概括起来,它大致包括两个方面:其一,制民以恒产,也就是使小生产者拥有一定的土地,让他们上足以赡养父母,下足以保证妻儿的生活,年成好能丰衣足食,收成不好也能免受饥寒;其二,实行德治,也就是通过道德教化等方式来安抚人民,而不是以暴力的手段来压服人。为了实现如上目标,孟子还提出了一些具体的措施,如:尊重有道德的人,使用有能力的人,让杰出的人物都能在国家中各尽其能;在市场上提供空地让商人储藏货物,但不征收额外的货物税,一旦滞销,便由官府征购,不让货物长期积压;虽设关卡,但只稽查而不征税;对耕田的人实行井田制,只需助耕公田,不另外征税;等等。

从当时的历史条件看,孟子的仁政主张自然不免有其迂阔之处:

他以井田制作为制民以恒产的形式,明显地违逆了历史发展的趋势,因为在战国时代,井田制已开始为土地私有化所取代。不过,孟子把被统治者的安居乐业作为自己的政治理想,并要求以德治拒斥暴政,这毕竟又体现了一种人道的精神,它在某种意义上可以看作是孔子博爱民众("泛爱众")的观念在社会政治领域中的展开。这样,从孔子的仁道到孟子的仁政,儒家人文主义原则便表现为一个深化的过程:它开始由一般的伦理要求,进一步提升为社会政治生活的准则。

孟子的性善说(人皆有恻隐之心)与仁政说分别从内在的心理结构与外在的社会关系上展开了孔子所奠基的仁道原则,并且使之获得了更为宽泛的历史内涵以及普遍的规范功能。可以看出,经过孟子的阐述和发挥,儒家基本的价值取向进一步趋于定型,后世之所以孔孟并称,在很大程度上便是基于儒学的如上演进过程。

按照孟子的看法,仁政作为德治的形式,体现了所谓"王道",它与崇尚暴力的"霸道"构成对立的两极。孟子身处战国时代,当时法家已经崛起。与儒家重仁道、讲德教不同,法家主张以耕战立国,并将刑法视为维护社会秩序的基本手段。这样,对外,战争便成为解决国与国之间冲突的主要形式;对内,人与人之间的关系则主要靠刑法来调节。战争与刑法尽管表现形式不同,但有一个共同的特点,即都是一种暴力手段;事实上,法家的霸道,正是建立在暴力的基础上的,关于这一点,后来法家的集大成者韩非有一个明确的概括:"当今争于气力。"①孟子也注意到了法家这一倾向,认为霸道的实质在于"以力服人"。孟子之强调仁政,可以看作是对法家之暴力原则的一种否定,而从价值观上看,反对以暴力压服人,又从一个侧面体现了对人的尊重。

---

① 《韩非子·五蠹》。

不过,在强化王道(仁政)的同时,孟子似乎又表现出某种泛道德主义倾向。在孟子看来,道德的功能无论怎样估计也不算高,仁道可以成为社会政治生活的决定性原则;夏、商、周三代之所以得天下,主要便靠奉行仁道,而其末代君主所以失天下,则是根源于放弃了仁道。一个国家的兴亡、盛衰,同样也与是否按仁道原则办事相联系。天子不仁,便不能保持其天下;诸侯不仁,便不能保持其国土;卿大夫不仁,便要失去其祖庙;读书人与老百姓不仁,便会危及其身。因此,城墙不坚固,军备不充足,这并不是国家的根本问题;田野荒芜,财富不多,也不能构成国家之灾难;如果在上者不懂礼义,在下者也不去掌握道德规范,那么国家就危险了。① 在这里,道德的力量渗透于社会的各个层面,它决定着个人的安危、国家的兴亡;在仁道的无敌神威面前,一切物质的因素都显得如此微不足道,以至于几乎可以置之不顾,用孟子自己的话来说,也就是"仁人无敌于天下"②。于是,道德开始超越自身而演化为一种抽象的超验力量。这种泛道德主义观点既在某种意义上将道德之外的因素加以道德化,同时又蕴含着轻视经济、政治等非道德力量的倾向,它使孔子开创的儒家人文主义或多或少染上了一种温情的色彩,而相对地削弱了其历史深度。

　　从天人关系看,仁政说与王道说更多地体现了对人文(文明)的关注和推崇,但这并不意味着自然(天)与人文之间的隔绝或对立。在孟子看来,天与人一开始便有着内在的联系,这种联系的中介便是诚:诚首先是天之道,但它同时又是人所追求的对象("思诚者,人之道也"③),通过诚,天与人便融合为一。从本体论上看,诚的基本含义

---

① 参见《孟子·离娄上》。
② 《孟子·尽心下》。
③ 《孟子·离娄上》。

是真实不妄(实然);就伦理学而言,诚的基本含义则是真诚无伪。作为自然的天,首先是一种真实的存在(实然),而这种作为实然的诚,又是当然(人道)的根据。这样,天与人的合一,便表现为实然与当然的统一。孟子的如上看法注意到了作为人道的当然尽管超越了作为天道的实然,但二者并非彼此对峙:当然(文明的社会规范)总是不能完全离开实然(自然之道)的制约。

不过,孟子以诚为天人合一的中介,似乎蕴含了另一种思维趋向,即模糊天道与人道的界限。诚作为实然,本来是当然之则(文明的社会规范)的根据,但一旦二者的界限被模糊,则实然往往会被等同于当然,而天道也相应地容易被伦理化。事实上,在孟子那里,天与人的合一,往往与泛道德主义的思维纠缠在一起,他曾明确指出,只要充分反省内在的精神世界,便可以把握人的本性,把握人的本性,也就可以懂得天道了。在这里,人性便构成了天人相合的中间环节,而与人性相应的天,显然被赋予了伦理的规定,这多少是在将天伦理化的前提下建立天与人的统一。孟子的这些看法既包含着导向神秘主义的契机,又对自然原则有所忽视:当自然(天)完全被伦理化时,人的自然愿望乃至自然的要求便很难获得应有的地位,较之孔子对自然境界的宽容与肯定,孟子的思路不免偏向了一端。

要而言之,人与自然(天)的关系,是儒家试图解决的基本问题之一,从孔子开始,超越自然,走向文明,便构成了儒家的价值目标。与孔子一样,孟子对人文的价值作了自觉的肯定,并以仁道作为文明社会的基本价值原则。从这一前提出发,孟子进而从心性与外在社会政治关系上,对仁道原则作了多方面的发挥,提出了性善说与仁政说,并以此否定了法家的暴力原则。但由强化仁道原则,孟子又过分地渲染了道德的功能,从而多少将儒学引向了泛道德主义。

第三章

主体自由与外在天命的对峙

　　孟子一生有不少坎坷的遭遇,未能见鲁平公便是其中之一。一次,鲁平公准备外出,他的宠臣臧仓问他:您想去何处?鲁平公回答:打算去拜访孟子。臧仓一听不以为然,说:您屈尊去访问一个普通人,为的是什么呢?您以为孟子是个贤德之士吗?我看不是,因为孟子办事并不完全按照礼仪,譬如,根据礼的要求,母亲的丧事应当比父亲简单,而孟子为母亲操办丧事,其排场却大大超过了父亲。这种不按礼办事的人,不必去见。鲁平公听了这一番话,就取消了拜访孟子的计划。臧仓所说的事倒不完全是虚构,但认定孟子违礼,却与事实不合。因为孟子父亲去世先于其母亲,当时孟子家境贫寒,所用的葬礼只能按"士"的规格办;到母亲去世时,孟子已是大夫,故葬礼相应地提升了一个层次。臧仓列举这两件事而不作具体解释,显然是别有用心,其目的在于阻止鲁平公与孟子会面,而平庸的鲁平公不辨曲直,轻易地听信了他。后来孟子的学生将鲁平公欲见孟子、臧仓从中作梗一事告诉了孟子,孟子听后长叹一声,说:我不能与鲁平公会面,是天命的安排,臧仓那小人哪有那么大的作用![1]

孟子未见鲁平公,本身并不是什么了不得的事件,这里重要的是孟子对这一事件的解释。按照孟子的看法,他之所以未能与鲁平公会面,并不是个别人的努力所能决定的,而是受制于外在的天命。在此,孟子实际上已开始把力(主体的力量)与命(外在的天命)的关系尖锐地提了出来,如何从理论上说明力与命的关系,正是孟子试图解决的另一问题。

一、舍我其谁:自我力量的确信

从逻辑上看,力与命的关系内在地关联着天与人的关系。天的超验化,便表现为命,在传统儒学中,天与命常常合称为天命。儒家所说的命或天命是一个相当复杂的概念,其中既残存着原始宗教(殷周以来的宗教天命论)的痕迹,又具有哲学的内涵。从哲学上看,所谓命(或天命)大致接近于必然性,不过,在天命的形式下,必然性往往被赋予了某种超自然的色彩。另一方面,与天相对的人,自始便蕴含着主体力量或主体能动作用等规定,这样,天人关系的讨论,总是引向力命关系的辨析。

人能否把握并驾驭必然之命? 必然之命是否为主体的选择提供了可能? 主体的权能是不是有其限度? 力命学说总是无法回避这些

---

[1] 参见《孟子·梁惠王下》。

问题。对命的把握与支配以及主体的选择往往又涉及理性与意志的关系,因此,力命之辩同时与志(意志)知(理智)之辩相交错。从更广的历史视野看,无论是力命关系的探讨,还是志(意志)智(理智)关系的辨析,最终都指向一个更基本的问题——人的自由。人类在从自然分离出来之后,便开始了走向自由的艰难跋涉,而这一过程又始终是在必然性的制约下逐渐实现的。

在解释未遇鲁平公的缘由时,孟子曾诉诸天命的观念,不过,这并不意味着他完全否认主体的作用。孟子在中年以后,便带着仁政的政治方案奔走游说于诸侯之间,为实现王道的社会理想而不遗余力,而这种努力即基于“舍我其谁”的自信。孟子离开齐国的途中,他的学生见他沉默寡言,有不悦之色,便问道:先生看上去好像闷闷不乐,不知是何缘故?此时孟子刚刚受到齐王的冷遇,政治抱负未能得到施展,心情忧郁是自然的,但即使身处此种逆境,孟子对政治努力的前景仍充满了确信。在回答学生的如上问题时,孟子说:在今日的世界中,如果要使天下太平,除了我,还能靠谁(舍我其谁)? 既如此,我有什么不快乐?[①] 这当然不仅仅是个人的自大或狂妄,它所体现的,是一种深沉的历史自觉:天下的安定与否,并不仅仅取决于主体之外的力量,它最终通过主体的作用而实现。根据如上信念,孟子将“身”视为天下国家之本。他说:天下的基础是国,国的基础在于家,家的基础是身。这里所说的身,并不是生物学意义上的肉体,而是社会学意义上的个体。从家、国直到整个天下,形成了一个层次相关的社会构架,而这一构架的最终承担者,则是无数的个体。换句话说,主体的活动不仅影响着历史的进程,而且构成了社会(天下、国、家)赖以存在的基础。可以看出,人的作用与力量在这里确实得到了空

---

① 参见《孟子·公孙丑下》。

前的高扬。

在孟子以前,孔子已对人的作用作了多方面的考察。前文已经提到,孔子以仁道原则为文明社会的基本规范,在他看来,每一主体都具有按仁道而行的能力,而实践仁道主要也靠自己,所谓"为仁由己"①,强调的便是这一点。"由己"体现了一种独立的意志。孔子很重视意志的品格,他曾说,一国的军队,可以使它丧失主帅,但一个独立的个体,却不能强迫他改变自己的志向("匹夫不可夺志"②)。作为主体力量的体现,意志的功能首先展开为道德选择,只要主体真正决意按仁道来规范自己,那就必然可以达到仁德("我欲仁,斯仁至矣"③)。当然,主体的力量不仅仅体现于道德选择与道德决定。在谈到人与道的关系时,孔子指出:"人能弘道,非道弘人。"④这里的道,泛指一般社会理想或原则。按孔子之见,人能提出社会理想,并通过自己的努力,使之化为现实。正是基于以上看法,孔子既以任重而道远自勉,又以此勉励他的学生。此处体现的,是一种深沉的使命感,它在广泛的文化背景上,凸显了主体的历史责任:主体所面临的,已不仅仅是个人的道德选择,而是实现社会理想;它不仅要对自我的行为负责,而且担负着超乎个体的历史重任。不难看出,在突出主体社会责任的背后,蕴含的乃是对主体力量更深刻的确信。

也正是以人能弘道的信念为精神支柱,孔子栖栖遑遑,颠簸奔走于列国,为实现自己的政治抱负而不懈努力了几乎整整一生。尽管其政治理想早已落后于时代,因而一开始就注定无法实现,但他知难而进的弘毅韧劲,确实不仅身体力行了"任重道远"的历史使命,而且

---

① 《论语·颜渊》。

② 《论语·子罕》。

③ 《论语·述而》。

④ 《论语·卫灵公》。

以悲剧性的形式表现了对主体力量的高度自信。即使在屡遭挫折，理想几乎破灭的情况下，孔子的格言仍然是："不怨天，不尤人。"①总之，不是外部的力量，而是主体自身的能动作用，构成了孔子关注的重心。

可以看出，孔子的思想中深深地蕴含着对自由的乐观态度，这种自由既表现为道德上的自主选择，又展开为广义的文化创造。孔子的如上观点大致定下了儒家哲学的基调。事实上，孟子对主体力量的确信与肯定，便明显地上承了孔子的思想。而从另一角度看，正是在孟子那里，孔子的自由学说得到了进一步的发挥和光大。

二、天命的预设与自由的限制

不过，按照孟子的看法，尽管人参与了历史过程并影响着这一过程，但人的作用同时又受到一种自己无法控制的力量的支配。天下的安定与否固然离不开主体（"舍我其谁"），但这一过程的完成，却以一种超越人力的历史预设为前提。孟子曾对他的学生说：在历史演进过程中，每过五百年就一定会有一位圣王出现。从周武王以来，时间已过去七百多年了，论时势，也该是圣君出来的时候了。正是以这种预设为根据，孟子相当自信地得出了"舍我其谁"的结论。毋庸讳言，五百年必有王者兴的预设，乃是对历史的一种宿命性质的规定，历史的这种命定性质，在某种意义上表现为超验主宰的安排。当然，这种主宰并不是人格化的神，但它确实又不是人的力量所能左右的。从孟子关于舜继尧位的一段论述中，我们便可以看到这一点。孟子的学生万章曾问孟子：尧把天下传给了舜，有这么回事吗？孟子回

①　《论语·宪问》。

答:不,并无此事。因为天子不能随便把天下给某个人。万章又问:那舜得到天下,是谁授予的呢?孟子答道:是天授予的。万章进一步问:天是怎样授予的?是不是反复叮咛、告诫他?孟子解释说:天并不像人那样能言善语,而是通过历史过程本身来体现其意志。①

尧传位给舜,是一种社会政治权力的转移。这种权力转移虽然通过人的活动来完成,但按孟子的看法,它不仅仅出于主体的选择,在人的活动之后,还有一种更为根本的力量(天),尽管这种力量通过民心的向背等形式而得到展示,但作为上述力量之体现的"天",仍与形而上的(神秘化的)必然性相通,而五百年必有王者出现的宿命预设,则是超验之命在历史过程中的具体表现。孟子以天的决定为历史活动的前提,一开始便意味着给人的作用规定了一个界限。

对孟子来说,天命的如上制约,是主体难以抗拒的;主体固然可以成为家、国、天下的基础,但在天命之前,却总是显得无能为力。在《孟子》一书中,我们可以不止一次地看到无可奈何的感叹。前面曾提到,孟子提出了仁政的政治理想,并把这种理想的实现主要寄托于各国诸侯,然而,终其一生,孟子的希望一再落空,这是一种悲剧性的结果,而在解释这种结果时,孟子总是将其原因归之于命或天命。他曾希望得到齐王的支持,以一展自己的政治抱负,结果却受到了冷遇,最后不得不郁郁寡欢地离开齐国。政治上的这种不得志,在孟子看来并非人力使然,而是导因于天命。总之,人固然可以作各种努力,但这种努力是否成功,则取决于人之外的力量,在无情的天命支配下,主体的意向总是难以如愿以偿。

于是,我们便看到了力(主体的作用和力量)与命(被神秘化的必然性)之间的紧张和冲突:一方面,主体肩负着历史的使命,应当参与

---

① 参见《孟子·万章上》。

并且影响历史的进程;另一方面,主体的选择、主体的作用又处处受到天命的宰制,其政治理想能否实现,取决于外在的力量。力命关系上的这种思想,可以上溯到孔子。如前文所述,孔子曾提出了"为仁由己""人能弘道"的思想,肯定人具有道德选择及广义的文化创造的力量。然而,按孔子之见,主体的这种力量本身又来自一种超验的根据。孔子曾到宋国,与弟子们一起在大树之下讨论礼义。宋国的司马桓魋嫉恨孔子,打算拔掉大树,杀害孔子。孔子的弟子很着急,催孔子赶快走。孔子却一点不紧张,对弟子们说:我的德性是天所赋予的,桓魋能把我怎么样?[1] 这里固然体现了哲人的从容态度,但在这种态度背后,却蕴含着一种内在的观念,即主体的道德力量(德性)来自超验之天,正是超验之天,使主体能在外在强制(包括暴力)下不为所动。道德领域如此,广义的文化创造也不例外。孔子在离开陈国去卫国的途中,曾途经一个叫作匡的地方,匡地的人以前一度被鲁国阳货欺骗,对阳货十分痛恨,而孔子的外貌又很像阳货,匡人误以为孔子就是阳货,于是围困了孔子。面对这一突发事件,孔子泰然地说:周文王去世后,一切文化遗产不都在我这里吗? 天若要保留这种文化,那么匡人又能对我怎么样?[2] 简言之,按照孔子的理解,文化的创造与延续通过人的努力而实现,但人创造与延续文化的能动作用,归根到底又根源于天:一旦顺应了天命,则任何力量都无法阻止文化的创造。在此,孔子实际上为主体的力量规定了一切形而上的依据。

作为主体力量的形而上根据,天命同时又构成了主体活动的限制:它给人的自由创造划定了一个限度。人固然是有弘道的能力,但

---

① 参见《论语·述而》。

② 参见《论语·子罕》。

道究竟能否实现,则取决于命:"道之将行也与? 命也;道之将废也
与? 命也。"①一旦违背了天命,那就必然会受到天命的无情制裁。卫
国的大臣曾问孔子,人应当取悦哪些神? 孔子的回答是:首先应顺从
天意,如果违逆天命,那么,不管你向什么神祈祷,都没有什么用②。
天命本质上是一种神秘化的必然,孔子的如上看法固然在思辨的形
式下注意到了人的自由不能无视必然,但同时又表现出强化天命作
用的倾向:相对于天命,主体的力命似乎被置于从属的地位,这里已
内在地蕴含着导向命定论的契机。孔子曾提出君子有三畏之说,而
在三畏之中,首先就是畏天命:作为一种凌驾于人之上的力量,对天
命只能加以敬畏,无法抗拒。

可以看出,在人的自由这一问题上,孔子的思维趋向具有二重
性:一方面,孔子对主体在道德选择、文化创造等方面的自由,表现出
乐观的确信;另一方面,孔子并不了解主体力量的现实根源,每每把
这种根源推到了天命之类的超验之域,从而向命定论迈进了一步。
孟子在力命关系上的紧张与徘徊,明显地上承孔子的思路。不过,作
为儒学的传人,孟子力图从理论上解决如上冲突。从孟子对"在我
者"与"在外者"的区分中,即不难看到这一点。按孟子的看法,在社
会生活中,有些东西通过主体的积极努力便可以获得,因为所求的是
"在我者"(存在于人力所及的范围之内),有些东西可以按一定方式
去探求,但得到与否却取决于天命,因为所探求的是"在外者"(存在
于人力的范围之外)。③ 质言之,在一定的领域中,主体的活动受制于
主体自身,并能达到预期的结果;超出了这一领域,则行为的结果便

---

① 《论语·宪问》。
② 参见《论语·八佾》。
③ 参见《孟子·尽心上》。

非主体所能决定：一切只能归之于天命。

孟子所说的"在我者"，更多地与主体的德性涵养相联系，就是说，主体究竟能否在道德上达到理想的境界，这并非天命所能左右，它主要决定于主体自身。孟子对此作了如下说明：假如一个人自己放任自己（自暴），那就没有什么可以同他说了；假如一个人自己不作努力以求完善（自弃），那就难以做出什么成就。自暴自弃是一种道德上的沦丧，这种沦丧并非外力使然，而完全是主体自身选择的结果，孟子在暴与弃之前冠以"自"，强调的正是这一点。反过来，如果主体能够在实际活动中遵循道德规范，那就可以逐渐达到仁的品格："强恕而行，求仁莫近焉。"①在这里，人或多或少被理解为一种自由的主体，这种自由不仅表现为意志的自由选择（自暴或求仁），而且展开于具体的行为过程（强恕而行）。

与"在我者"相对的是"在外者"。从广义上看，"在外者"泛指道德之外的各个领域，从富贵贫贱到寿命长短，从感性需要到政治理想，等等，都可以在不同程度上归入在外者。就个人而言，到底终其天年还是短命夭折，都取决于命，他只能静静地等待命运的到来，而无法改变这种命运。同样，目耳之类的感性需要能否得到满足，也是如此。孟子举例说，口总是喜欢美味，眼总是喜欢美色，耳总是喜欢动听的音乐，鼻总是喜欢芬芳的气味，身体总是喜欢舒服一些，这都是出于天性，但口腹等感性欲求能否得到满足，则由命所决定。至于社会政治领域中理想的实现、权力的转移等，则更难以离开天命的宰制。②

孟子对"在我者"与"在外者"的划界，似乎使人的作用（力）与外

---

① 《孟子·尽心上》。

② 参见《孟子·尽心下》。

在天命之间的冲突得到了某种化解:"在外者"固然是天命的王国,人无法与之抗衡,但在道德的领域("在我者")之中,人却可以自主地选择和活动,它构成了人的自由天地。从某种意义上说,孟子正是试图通过划界,为人的自由寻找一个较为稳定的基础。然而,孟子的如上努力很难看作是一种成功的尝试:在主体力量与外在天命的划界中,力与命分别被安置在不同的序列之中,这实质上只是转换了问题,而没有使之得到解决;在孔子那里已初露其端的力命之间的紧张,并没有真正得到化解,相反,它进一步展开为两个系列的对峙。同时,孟子将人的自由主要与"在我者"(自我的德性)联系起来,又意味着将自由内在化:从肯定主体在安定天下中的作用,到"求在我者",我们确实可以看到主体自由向个人的道德实践与心性涵养的靠拢。

为了更具体地把握孟子在人的自由(力命之辩)上的思维趋向,我们不妨将其论点与荀子作一比较。荀子是先秦时期与孟子齐名的大儒,生活的年代稍后于孟子。与孟子相近,荀子的思想多方面地导源于孔子所开创的儒学传统,正是基于这一事实,后世常常孔孟荀并提。不过,尽管理论上大致同出一源,但荀子对儒学的阐发却颇异于孟子。在力命关系上,荀子并不否认人的自由,在他看来,主体意志的磨炼,德行的醇厚,等等,都属于"在我者",[①]亦即可以由主体决定。换言之,在道德领域,主体本质上是一种自由的存在。这种看法,与孟子并无二致。然而,人的自由是否仅仅或主要限于道德的领域?在这一问题上,荀子的看法却不同于孟子。在《天论》中,荀子有一段著名的论述:推崇天而仰慕它,哪比得上将天当作对象来加以控制?顺从天而赞美它,哪比得上掌握自然规律而支配它? 这里的核心,便是"制天命而用之"。荀子所说的天命,已不具有神秘的形式,而是内

---

① 参见《荀子·天论》。

在于自然之中的必然趋势。作为客观的必然性，天命不再是一种不可捉摸的超验力量，人一旦掌握了它，便可以用以实现自己的目的。他所说的"制天命"，本质上即展开为一个支配自然规律并进而征服自然的过程，正是在这一过程中，主体逐渐成为自然的主人，并实现了自由的理想。

相对于孟子，荀子对自由的理解无疑具有新的特点。在孟子那里，主体作用(力)主要限于人伦之域，荀子则把自由的领域扩展到天人之际，将主体作用广义地理解为化自在之物为为我之物的过程，从而使自由获得了更为深刻的历史内涵。如果说荀子以外在的历史过程作为解决力命关系的基础，那么孟子则多少表现出一种内圣的走向。当然，在儒学的尔后演进中，以孟子为代表的内圣路向逐渐成为主流，而荀子"制天命而用之"的观念则始终难以为正统儒学所认同，至宋明理学，这一点表现得更为明显。孟荀力命学说的不同命运，从一个侧面铸就了儒学的内在品格。

第四章

理性原则的重建与强化

　　通过"在我者"与"在外者"的划界,孟子确认了个体在道德等领域的自由。从孔子开始,儒家对自由的理解,便体现了一种理性主义的精神,孟子同样体现了这一传统。对孟子来说,自由并不仅仅表现为意志的冲动,它始终受到理性的制约。那么,理性的本质究竟是什么? 它在人的认识中占有何种地位? 这便是孟子试图进一步解决的问题,而这些问题又内在地涉及对认识活动及过程的看法。事实上,价值观上的自由问题与认识论总是很难截然分离。

一、历史前提之一: 孔子的奠基

　　孟子对理性问题的考察,以孔子、墨子、老子的认识论思想为历史前提。在先秦时代,孔子是较早自觉反省认识过程的思想家。尽管他还没有建立近代意义上的认识论体系,但作为一个教育家,他在总结其教学实践的过程中,已开始触及人类认识过程的若干环节。

首先是知识的起源问题。孔子认为,知识有两种来源:其一是生而知之,即由天赋而形成知识;其二为学而知之,即通过后来的学习以获得知识。从总体上看,孔子的注重之点,更多地表现在学而知之上,他虽然承认有生而知之者,但从来不以生而知之自诩,相反,倒是以后天的探求来勉励自己。作为一个在后天展开的过程,学而知的起点是什么?对此,孔子作了如下规定:"知之为知之,不知为不知,是知也。"①按照通常的理解,不知便是缺乏知识,而在孔子看来,对"不知"这种状态的认识,本身也是一种知(即自知无知)。在这里,知与无知并不是两种相互排斥的状态,而是彼此统一的:对"不知"的认识,实际上被理解为求知过程的开端。这一看法令人联想起古希腊哲学中著名的美诺诘难。柏拉图曾借美诺之口,对认识的发生问题提出了如下诘难:如果主体完全处于无知状态,则不可能产生认识,因为在绝对无知的条件下不可能提出认知问题;另一方面,如果主体对某一对象已经有所知,则也不可能发生认识问题,因为既然已有所知,便没有再进行认识的必要。这样,无论是在无知的条件下,还是在有知的条件下,认识都不可能发生。柏拉图以此论证了其回忆说(即以为认识是对先天知识的回忆)。在如上推论中,柏拉图的基本前提,便是将知与无知割裂开来并对立起来。较之柏拉图,孔子以自知无知为求知的起点,显然包含了更多的合理性。现实的认识过程确实既不能从绝对的无知状态出发,亦不仅仅以知为前提。仅仅处

_____

① 《论语·为政》。

于知的状态，认识往往缺乏内在的动力，而在绝对无知的条件下，主体同样不可能提出认识的要求，唯有当不仅出现了无知的情景，而且主体也意识到了这种无知状态时，认识活动才能发生。孔子以知与无知的统一来规定认识的出发点，多少有见于此。

求知活动在其展开过程中，总是涉及闻见与思维的关系。按孔子的理解，认识秩序表现为一个从感性的闻见到理性的反省、思维过程；在积累了丰富的感性见闻之后，便应进行理性的思索。当然，从总体上看，孔子更注重理性的思维。他曾把"默而识之"（理性的反省过程）作为主体的首要任务加以突出。在道德行为中，孔子主张以忠恕为贯彻仁道原则的基本途径，而忠恕的基本内容便是推己及人，它在本质上表现为一个理性推论的过程。

由强调理性思维，孔子又讨论了思与学的关系。在他看来，学与思不能分割，学习而不思考，则往往会迷惘而无所得；同样，仅仅思考而不学习，也很危险。[1] 孔子所说的学，主要是掌握已有的知识成果；思则是通过理性推论以获得新的知识。学与思的关系，实际上已触及了认识过程中接受与创造的关系。一般说来，就个体而言，知可以区分为两种形式：其一，接受社会所已经达到的认识成果，这个过程也就是学习的过程，它对个体来说是获得新知，对整个社会而言，则并未增加新的认识成果；其二，通过创造性的思考以形成新的认识，这种认识不仅对个体而言是一种新知，而且对社会而言也表现为一种新的认识成果。当然，接受与创造尽管意义不同，但二者是相互联系的：创造性的认识必须以接受已有知识为基础，而接受已有知识总是旨在推进新的创造。尤为重要的是，二者最终都建构于理性思维的基础之上。孔子所说的学与思虽然不完全与认识过程中的接受与

---

[1] 参见《论语·为政》。

创造相对应,但显然与之有相近之处,而强调学思统一,则进一步表现了对理性原则的注重。

当然,孔子所说的知,主要是一种伦理理性,从孔子对"知""思"等范畴的解释中,我们不难看到这一点。孔子的学生樊迟曾问孔子:什么是知? 孔子的回答是:知人。[①] 知人即认识人本身并进一步把握人与人之间的伦常关系,而知的作用则具体体现于"忠""敬""义"等道德行为之中,换言之,知主要被理解为在人际关系中履行道德规范的手段。事实上,在孔子那里,认识论思想往往被蒙上了一层伦理学色彩,这一思维模式一方面将认识过程与主体的自我认识及自我实现联系起来,从而避免了认识论的思辨化,同时又蕴含着将认识过程与德性涵养过程融合为一的趋向。后者使认识论的研究往往受到伦理学的纠缠而无法在一种较为纯粹的形式下展开,从而多少限制了其本身的深化。

二、历史前提之二:墨子的挑战

儒家之外,墨家是先秦时代另一显学,其创始人为墨子。与孔子突出理性原则不同,墨子着重强调经验主义原则。在墨子看来,关于具体对象的知识,首先是由感觉提供的,例如,要知道某一事物是否存在,便必须凭借众人的感觉,假若大家都听到、看到、感知到这一对象,那就表明它是存在的,反之,则说明不存在。在这里,感性的知觉便构成了认识的起点。

肯定知识开始于感性闻见,当然仅仅是经验论原则的一个方面。与此相联系的问题是:感觉所提供的,是不是一种真实的存在? 墨子

---

① 参见《论语·颜渊》。

的看法是肯定的。按照他的观点，凡是感官所提供的知识，都具有客观的、确定的内容。可以看出，墨子对感觉具有一种近乎天真的信赖。一般而论，在讨论人类知识时，人们面临的第一个问题就是：感觉能否给予客观的实在？这一问题的解决，直接涉及整个认识的基础。尽管墨子对感觉何以能提供真实的存在尚未作出细致的论证，但他对以上问题的肯定回答，本身便具有不可低估的理论意义。

从感觉能够提供真实的存在这一前提出发，墨子提出了著名的三表说。三表即检验认识的三种标准，它具体包括：先王的历史事迹，众人的感知，治理国家的政治实践。墨子认为，要判断某一种观点的正确或错误，就必须将它与以上三个方面联系起来考察。这里体现的仍然是一种经验论的原则：所谓先王的历史事迹，可以看作是前人的历史经验（间接经验），感性知觉则是直接经验。在中国哲学史上，墨子是较早对是非准则作认真考察的哲学家，而把注重感觉的观点引入三表，则进一步将经验论展开了。

值得注意的是，墨子特别将治理国家的政治实践列为三表之一，亦即要求以政治实践所产生的效果来检验知识、言论。在墨子看来，一种有价值的学说总是能够在实践中得到应用，凡是不能在实践中取得实际效果的理论，便应加以否定。与这一看法相联系，墨子主张通过人的自觉活动，来判断一个人是否有真知。他举例说，盲人也说，什么是黑，什么是白，但如果将白的东西和黑的东西混在一起，让他区分黑与白，那么他就马上茫然不知所措了。[①] 取白或取黑，表现为主体对外部对象的一种活动。可以说，正是将三表与主体活动联系起来，使墨子的经验论有别于一般的感觉论。

总之，在中国哲学史上，墨子建立了第一个雏形的经验论体系，

---

① 参见《墨子·贵义》。

这一体系在某种意义上可以看作是对孔子强化理性原则的一种挑战。当然,作为经验论的体系,它本身不可避免地有理论缺陷。这首先表现在墨子无条件地将感觉经验视为绝对可靠的认识形式。事实上,感觉固然能够给予客观实在,但它作为一种认识形式,自身又有正觉(正确的感觉)、幻觉、错觉等之分,只有正觉才具有认识论意义上的可靠性,而要确定感觉的真伪,便不能仅仅着眼于感觉者的数量(众人),因为某种错觉或幻觉,在一定条件下可能是很多人共同具有的。如果不加区分地将一切见闻感知都视为可靠的知识,则往往导致错误的结论;墨子本人便由这种狭隘的经验论出发,判定了鬼神的存在。同时,墨子将经验视为检验认识的终极标准,也是一种片面之见。一般而论,经验总是有条件的、或然的,它所概括的主要是有限范围内的事实,而认识成果,特别是理论性的认识,则常常具有普遍、必然的特点,因此,单凭有限的经验,并不能判定一般的知识是否正确。墨子以经验为检验知识的准则,显然未能注意到这一点。墨子哲学中所包含的这些理论缺陷,客观上向尔后的哲学家(包括孟子)提出了如何扬弃经验论的问题。

三、历史前提之三:《老子》的责难

先秦诸子中,具有重要影响的另一派是道家,其创始人为老子。关于老子其人及《老子》其书的年代,学术界一直有不同看法,这里不拟对此作详细考证,而取这样的看法,即《老子》一书包含了春秋时期老子的某些思想,但成书约在战国时期。① 《老子》一书很多观点是针

---

① 参见冯契:《中国古代哲学的逻辑发展》上册,上海人民出版社,1983 年,第 118 页。

对孔墨而发,故其书当成于孔墨之后,而在孟子之前。

相对于墨子以经验为轴心而展开其认识论,《老子》所表现的是另一种思维趋向。它首先对"为学"与"为道"作了区分。所谓"为学",相当于经验范围内的认识,它所把握的主要是各种感性对象;"为道"则指向超越经验范围的本体,它所要把握的,不是一个个具体对象,而是整个世界及其统一性。《老子》所着重讨论的,主要是后一过程。

《老子》把认识的对象主要规定为道。道不是一种感性的实体,而是超越于经验之外。《老子》一书对道作了各种描述:去注视它,看不到什么;去听一听,也听不到什么声音;用手去触摸一下,同样感觉不到任何东西。总之,它无声无形,从而无法为人的耳、目等感知所把握。①

较之墨子对感觉的无条件信赖,《老子》的以上思路无疑有所不同。从形式上看,《老子》对感觉的看法,似乎只具有否定的意义,其实并不完全如此。作为认识的初始形式,感觉的功能并不是无限的,它确实有自身的限度,如果完全无视这种限度,则往往导致理论上的失误,墨子在这方面便是一个典型。尽管《老子》把形而上之道与人的感性活动完全隔绝开来,多少表现了思辨哲学的倾向,但它注意到感觉在认识上的限度,这对于比较全面地理解感觉的认识功能,克服经验论的局限,显然是具有意义的。

既然感觉无法达到道,那么理性的概念能否把握道?《老子》的看法同样是否定的。按照《老子》的观点,道作为万物统一的本源,无法用理性的概念来把握,所谓"道常无名"②便蕴含了这一点。在此,

① 参见《老子·十四章》。
② 《老子·三十二章》。

《老子》实际上由肯定感觉的限度,进而对理性的能力提出了怀疑。

相对于孔子对人类理性的确信,《老子》所表现的,无疑是另一种思路。在孔子看来,理性是人的一种内在能力,它既表现为由己及人的推论形式,又展开为理性的概念,而这种概念又具有规范对象的作用。与此相异,《老子》则对理性概念主要采取了一种质疑的态度。和确认感性的限度一样,对理性态度的肯定,在理论上也有其不可忽视的意义。一般说来,理性思维相对于感觉而言,可以区分为两种基本形式:其一,知性思维的形式;其二,辩证意义上的理性思维。前者所把握的,主要是客观对象某一侧面或某一层面的状态,与这种思维方式相联系的,便是日常运用的语言和概念。当《老子》指出理性概念有自身限度时,首先便触及了日常意义的思维形式之局限。从理论上看,日常的知性思维确实有其限度,它在一定范围内固然不失为一种正当的认识形式,但往往难以达到辩证意义上的具体真理,《老子》指出其局限,无疑有助于促使人们超越知性的界限而达到辩证的理性。当然,《老子》并未真正自觉地了解知性与理性的区分,它把形而上的道与理性的概念对立起来,多少又有抽象地否定理性概念的一面。

从怀疑感觉及理性的能力出发,《老子》进而提出了"塞其兑"的主张。所谓"兑",即耳、目等感官,塞其兑也就是关闭感觉的大门。为什么要关闭感觉的门户?按《老子》之见,这是因为唯有封闭了感觉的通道,才能使主体达到一种虚静的状态。在《老子》看来,见、闻等感知所触及的现象,总是带有纷繁复杂的特点,面对这些繁杂的对象,人们往往会陷于迷惑。只有排除了纷扰的现象,才能进入虚极静笃的境界。当然,虚静本身并不是目的,它的真正目的在于达到"玄览"。所谓"玄览",无非是一种与感性及理性相对的直觉,对《老子》来说,通过玄览(直觉),便可以把握感性与理性所无法把握的道。

从先秦认识论的演进来看,孔子提出了理性原则,以为凡人皆有理性推论的能力,这种推论能够提供普遍必然的知识,从而奠定了儒家理性主义传统的基础。墨子则突出了感性的原则,肯定感觉能够提供真实的存在,所闻所见都是绝对可靠的。相形之下,《老子》的注重之点,则在于直觉。从理论上看,《老子》对直觉的考察,也确实有其值得注意之点。直觉作为一种把握对象的方式,是认识过程一个不可忽视的环节,洞见本质,把握整体,等等,往往必须借助直觉的方式才能实现。就此而言,《老子》要求由"虚静"而达到"玄览"(直觉),并非毫无理论价值。

不过,《老子》笼统地以"塞其兑"为达到直觉(玄览)的条件,则又忽视了直觉与逻辑思维的关系:直觉似乎被理解为一种完全与感性认识与理性思维相隔绝的过程。这种看法可以视为强调感性及理性限度之趋向的片面引申。事实上,直觉虽然与一般的逻辑思维有所不同,但从总体上看,它并不能脱离感性知觉与理性思维,这不仅在于直觉的发生需要感性材料的积累及理性思考的准备,而且在于直觉过程本身不能绝对离开逻辑的推论,一旦割断了直觉与其他思维形式的联系,则往往导致神秘主义。通观《老子》一书,我们确实可以看到一种神秘主义趋向:把握道(为道)的过程,常常被描绘成一种玄之又玄、不可捉摸的过程,所谓"古之善为道者,微妙玄通,深不可识"[1],便表明了这一点。如果说,墨子主要以经验论原则向儒家的理性主义提出了挑战,那么,《老子》由抬高直觉而走向神秘主义,则对儒家的理性主义形成了另一重冲击。面对理性的危机,如何重建理性主义便成为无法回避的问题,而孟子则是对此作出自觉回应的儒家后学。

---

[1] 《老子·十五章》。

四、回归理性主义

从孔子到《老子》的思想演进过程,构成了孟子解决名实等关系的历史前提。在认识论上,孟子同样上承了孔子开创的儒学传统。不过,孔子的思想带有未分化的特点,他虽然突出了理性的原则,但同时兼容了其他方面的观念,如在强调学与思统一的同时,主张多见多闻,亦即对感性经验表现了某种宽容。孔子之后,理性原则一再受到墨、道等学派的挑战,维护与重建儒家理性主义传统成为当务之急。这一历史背景使孟子将理性原则放在更为突出的地位,它既在理论上蕴含着更多的片面性,也意味着认识论的进一步深化和拓展。

孟子首先对人的认识能力作了具体的考察,并区分了人的两种认识功能:其一,以耳、目等感官为中介,其二则以"心之官"为基础。前者涉及感性认识,后者则近于理性思维。在孟子看来,耳、目等感官远离思维,而往往为外部力量所蔽,其结果则是被引向迷途。与之相对,心之官则具有思维的功能,离开了理性思维,事物便无从认识。[①] 在这里,孟子将理性思维提到了引人注目的地位:一方面,它构成了评判感官与"心之官"优劣的标准,耳、目等感官之所以不如"心之官",主要便在于缺乏思维的功能;另一方面,理性思维被规定为获得正确认识的唯一条件,所谓"思则得之,不思则不得"便表明了这一点。于是,理性似乎成为整个认识过程的决定因素,而感性知觉则基本上被排斥在正确认识的过程之外。相对于孔子之兼容感性,孟子的理性主义原则似乎更为"纯化"。

----

① 参见《孟子·告子上》。

孟子的理性思维作为认识的先天条件，当然带有独断的性质，但他肯定耳、目等感官接触对象的过程，不应当完全离开理性思维，这一看法并非毫无所见。从认识的总过程来看，理性思维诚然以感性活动为源泉，没有感性，理性思维便成为无本之木，然而，就认识的某一阶段而言，理性活动不仅可以先于感性而存在，而且构成了感性活动借以展开的必要条件：作为特定环节的理性思维，一方面以先行的感性活动为前提，另一方面又是后起的感性活动的条件。在哲学史上，某些直观的反映论在否定先验论的同时，往往忽视了理性思维对感性活动的制约，结果，其认识论便不免带有形而上学的性质。例如，先秦的《管子》一书虽然承认理性思维是感性活动的支配者（君），但同时又把这一过程规定为"无为之道"，亦即将感性认识理解为理性作用之外的自发过程。相对于此，孟子强调耳、目等感官无理性思维的制约便会走向迷途，无疑有某些合理的因素。不妨说，以上看法实际上从一个侧面展开了孔子奠基的理性原则，并以此克服了《管子》直观论的缺陷。

然而，在肯定理性对感性制约的同时，孟子忽视了问题的另一方面，即理性本身对感性的依存性。在孟子看来，"心之官"的功能在于思维，而理性的思维不需要感官提供材料，它可以仅仅凭借自身的活动而获得知识。一般说来，感性活动与理性思维存在着双向的制约关系：感性活动固然受到理性的规范，但理性思维同样受到感性活动的限定。《管子》一书便注意到了后一方面：它在肯定思维主导作用的同时，又把思维活动与"开其门"（打开感官的门户以获得感性的知识）联系起来，从而避免了理性的架空。与此相对，孟子以为理性思维活动可以游离于感性，亦即将理性思维理解为某种封闭的过程，这就将感性与理性的双向制约，理解为理性对感性的单向限定，而其结果则是理性思维的先验化。较之从《管子》将"心之官"的思维活动与

"开其门"的感性活动过程联系起来而言,孟子在这方面无疑有所后退。

根据孟子的观点,理性思维不仅先于感性并制约着感性,而且具有判断是非的功能:"是非之心,人皆有之。"①这里所说的是非,既是指价值论意义上的善与恶,又是指认识论意义上的真与假,"心"则代表了理性的思维,心能知是非,意味着心具有判断善恶、真假的能力。那么,心究竟以什么为判断是非的标准? 孟子认为,这种标准便是普遍同意的理和义,而这二者都是主体先天具有的("我固有之也"),它在本质上也就是先验的理性。这样,从知识的形成到知识的检验(判定其是非),始终贯穿着理性的支配作用。在孟子以前,墨子强调认识起源于感觉,并以感觉为检验认识的终极标准,从而在认识的起点与终点上都坚持了经验论的原则。与之相对,孟子则以理性为认识的起点与终点,从而明显地强化了理性主义原则。正是在孟子那里,儒家的理性主义进一步取得了完备的形式。

作为认识过程的决定者,理性同时构成了人的本质规定。在孟子看来,人与禽兽(动物)的根本区别,便在于人具有理性,如果一个人丧失了理性,那便意味着把自己降低为动物。以理性为人之所以为人的内在规定,确实从一个侧面反映了人的本质特征。如所周知,人与动物的根本区别,在于人能创造工具进行劳动,但创造和运用工具的过程,离不开人的自觉意识,就此而言,理性确实也体现了人的本质力量。当然,理性作为一种精神力量,本身是在实践过程中形成的。孟子在辨析人与禽兽之分别的同时,似乎忽视了这一点,因此,在孟子那里,以理性规定人的本质,多少带有抽象的性质。但从另一个角度看,把理性视为人之所以为人的本质规定,则是理性原则的进

---

① 《孟子·告子上》。

一步系统化。

理性的原则体现于人的行为之中,便表现为自觉的品格。根据孟子的观点,人的行为(主要是道德行为)可以区分为两种境界:其一,自发地遵循先天的道德要求("行仁义"),这时,主体的行为从形式上看也许合乎道德规范,但这种遵循并不是建立在对道德规范的自觉认识之上,所谓"终身由之而不知其道"①,指的便是这种现象;其二,自觉地"由仁义行"②,即在把握道德规范的前提下,自觉地使行为合乎道德准则。二者之中,后者是一种更高的境界。而孟子所追求的,正是后一境界,在他看来,古代圣人(例如舜)的特点,便在于能够自觉地由仁义行。如何从自发的状态提升到自觉的状态?按照孟子的观点,关键在于"先立乎其大者"③。所谓"大"者,也就是先天的理性。一旦真正理解了天赋的仁义,则能够比较自觉地在行为中加以贯彻,从而使行为摆脱自发性与盲目性。把握礼义的过程,也就是"求其放心"的过程,所谓求其放心,无非是一种向内的反省。在这里,理性的原则与天赋的观念及自觉的原则实际上已融为一体。

孟子的如上看法固然带有某种先验论的痕迹,但他肯定自觉原则与理性原则的统一,则自有其见地。从理论上看,主体行为从自发到自觉的转换,总是以理性的升华为条件,行为的自觉性质本身也可以看作是理性力量的体现。从另一方面看,把理性的原则与行为的自觉品格联系起来,无疑扩展并深化了理性主义的内涵:在这里,理性的原则已超越了单纯的认识论领域,而获得更为宽广的含义。孟子的这些运思趋向,对尔后的中国哲学,特别是儒家哲学,产生了极

---

① 《孟子·尽心上》。
② 《孟子·离娄下》。
③ 《孟子·告子上》。

为重要的影响。中国哲学家(尤其是儒家)谈理性问题,总是不限于单纯的认知,而是同时指向主体行为,这种传统,在一定程度上可以上溯到孟子。

当然,将理性与行仁义的道德行为融合为一,同时体现了将知识伦理化的倾向。从孟子对知的解释中,便可以较清楚地看到这一点。在孟子看来,所谓知识,不外是认识并保持仁义的规范。与这一理解相联系,孟子将感性与理性分别同小人与大人对应起来,以为顺从大体即是大人,顺从小体则是小人。所谓大体,即"心之官",它大致代表了理性;小体则是"耳目之官",它主要与感性相联系。与小体和大体相对应的小人和大人,是一种道德意义上的人格。孟子的如上结论从另一个方面表现了对理性的尊崇:以顺从理性为达到"大人"境界的前提,即表明了这一点。

从基本的趋向看,孟子着重发挥的主要是儒家的理性主义原则。在孟子以前,孔子已奠定了理性主义的基础。然而,墨子与《老子》从不同侧面对理性主义原则提出了挑战和责难,从而在一定程度上导致了理性的危机。孟子对理性主义的维护与发挥,正是以此为历史背景,它在某种意义上可以看作是理性原则的重建。尽管相对于孔子的兼容性而言,孟子对理性的强化多少带有一些片面性,但其重建理性主义的历史意蕴,则是不可忽视的。

第五章

自我的完善与群体认同

孟子的时代,除了理性问题上的观点冲突,还存在着群体与个体问题上的分歧,在后一方面,墨子与杨朱分别代表了一个极端。

一、拒 杨 墨

如上所述,墨子生活的年代晚于孔子而先于孟子,他是继孔子之后,在先秦产生重要影响的思想家。墨子所创立的墨家学派,与孔子所创立的儒家学派同为先秦显学,但二者的学派风格及为学旨趣却存在明显差异。墨家学派既是一个学术团体,又带有某种宗教政治结社的性质,参加墨者集团的人,必须穿粗布衣服,脚蹬草鞋,整天不停地劳作,不能吃得太饱,而且要与社会地位较低的下层民众打成一片。墨者集团的领袖称为钜子，墨子便是第一代钜子。

作为一个具有严密组织形式的学派，墨家十分注重团体精神，并强调自我牺牲。为了维护墨者集团的利益，其成员都可以赴汤蹈火，至死不后退一步。这种团体精神在理论上的进一步扩展和提升，便具体化为"兼相爱，交相利"的原则。纵观墨家学说，"兼相爱，交相利"在某种意义上构成了其整个体系的核心。在墨家那里，"兼爱"往往超出了墨者集团的内部，成为适用于整个社会成员的普遍原则，它要求每一个体都要兼顾其他社会成员的利益，必要时甚至应当为了群体而牺牲自我。墨者本身常常身体力行这一原则。例如，墨子之后，墨者集团的另一位钜子孟胜为楚国守城，弟子中有一百八十余人战死。在墨家看来，如果每一个体都能以他人与群体为重，那么国与国之间就可以避免战争，政治也不会有篡权夺位等现象，君臣、父子、兄弟之间都可以和睦相处。不难看出，对兼爱、交利的注重，突出的乃是群体的原则。

然而，从兼爱的群体原则出发，墨家又进而提出"尚同"的要求，主张"尚同而不下比"。在墨子看来，最高统治者(在上者)是整体利益的集中代表，只有与最高统治者保持一致，社会才能安定。他从社会历史的演变对比作了论述。上古时代，缺乏一个能代表整体利益的统治者，因而天下处于纷乱状态，就像禽兽之乱而散一样。后来认识到了这一点，故设立了作为整体利益代表的统治者，情况才有了改观。为了使整体之利得到保障，便应做到"上之所是，必皆是之，所非，必皆非之""天下之百姓，皆上同于天子"①。就是说，个体应当无条件地以整体的统一意志为转移。在这里，个体(自我)的自由意志或多或少为整体的要求所淹没：面对统一的意志与整体的利益，个体

---

① 《墨子·尚同上》。

似乎成为只具有从属意志的存在。这种以个体为整体之附庸的观点,已蕴含着一种整体主义的偏向。

与墨子相对立的另一个极端是杨朱。据说杨朱曾问学于老子,这或许并不可靠,但杨朱的思想源于道家,似乎并非毫无根据。与墨家强化群体原则不同,道家对个体价值十分重视。在道家看来,社会的各种规范、制度,都是对个体的束缚及自我本性的压抑,因而他们一再对此提出批评。如老子便认为,礼义等规范制度,最终都将导致六亲不和,天下纷乱,要使天下太平,就应当清除那种束缚个体的普遍规范。老子所向往的小国寡民的理想社会,在某种意义便是赋予每一个体以充分自由的社会,所谓"鸡犬之声相闻,民至老死不相往来",便描绘了一幅人与人之间互不干涉,各自生存的图景。老子具有丰富的辩证法思想,这种思想在相当程度上展开为一种生存的辩证法。他举例说,草木在生长的时候,常常显得十分柔软,一旦枯死,便变得很僵硬;坚硬的树木往往容易折断,而软柔之木则有韧性。同样,人也最好常常处在柔弱的地位,这样更有利于维护自我的生命存在。在日常的处世中,知道什么是雄强,却应让自己保持在较弱的地位,知道什么是荣耀,却要甘于处于卑下之境,这样,便可免于灾祸。在这里,老子的辩证法思想确实是围绕维护个体生命价值而展开的,也正是基于如上前提,老子强调"贵以身为天下"。

老子之后,庄子将其注重个体生命价值引向了追求自我的精神超脱。所谓"逍遥游",便是这样一种境界。庄子要求"无以人灭天",即不要以人为的普遍规范去泯灭人的天性,而应当使自我的天性得到自由的伸张。与庄子崇尚自我的精神逍遥有所不同,杨朱虽然也上承并突出了老子的个体原则,却把这种原则与利己联系起来。从注重个体价值的原则出发,杨朱将自我的利益提到了突出的地位,并拒绝做一切有利于群体的事,即使拔自我之一毛,也不愿意干,因为这虽可利于他人，但于己却有所损，所谓"拔一毛而利天下，不为也"①。如果说庄子力图通过超越仁义等普遍的社会规范而达到个体的逍遥，那么杨朱则更侧重以利己的原则否定墨子的利他原则，从而导向了与整体主义相对的另一极端。

对墨家与杨朱的如上观点，孟子明显持否定的态度。当时，杨朱、墨子的影响已相当大，人们不是信奉墨子的学说，便是接受杨朱的原则。对此，孟子极为忧虑。在他看来，杨朱讲为我，其结果将引向"无君"。君在这里是一种整体的象征，所谓无君，也就是完全否定自我对整体的社会责任，它在逻辑上将导致自我中心主义。与之相应，孟子对杨朱的批评意味着对片面强化个体原则的拒斥。

辟杨的同时是辟墨。相对而言，对墨家的批评，情况要复杂一些。按孟子之见，墨子主张兼爱，意味着无父，因为从兼爱出发，必然把自己的父亲与一般社会成员等量齐观。孟子的这种批评，一方面体现了对亲子（父母与子女）之间亲缘关系的注重，同时在更深的层面上蕴含着反对单纯的群体认同。按其本义，"兼爱"是一种面向外部社会的价值趋向，它要求超越个体的内在世界及特定的宗法关系（如亲子关系），这种要求与"尚同"的主张相结合，便容易导致弱化对个体自身及其特定关系域的认同。从这一意义上说，"无父"的背后是"无我"，而孟子对"无父"的批评，亦相应地意味着否定忽视个体（我）价值的整体主义。

二、独善其身与兼善天下

从理论上看，杨朱与墨子分别以极端的形式突出了群体与自我

---

① 《孟子·尽心上》。

关系的一个方面,使群己关系的重新定位成为一个无法回避的问题。正是基于对杨墨的批评,孟子对群体与自我的各自价值作了认真的思考。在孟子看来,每一个体都有自我的价值,亦即都有"贵于己者",只是这种价值往往不为人们所注意,作为一种包含内在价值的存在,主体应当具有自尊的意识。就自我与他人的关系而言,如果不知自尊,则必然难以得到他人的尊重。事实上,在日常的交往中,一个人遭到他人的轻视,往往是因为不知自重,所谓"人必自侮,然后人侮之"①。这里蕴含着如下观念:主体的价值并不是一种既成的禀赋,它首先形成并展开于主体的自我完善过程,因为保持自尊本质上便是一种道德意识的升华。在孟子以前,孔子曾提出"为己"之说。所谓为己,并不是指追求个体自身的利益,而是强调应当以道德上的自我完善为目标,后者的内在前提即是每一主体都有其潜在价值,道德涵养的目标无非是实现这种价值。相对于孔子从道德目标上确认自我价值而言,孟子似乎更多地注意到了自我的价值与主体自身作用之间的联系。

自我尊重与自我完善的统一,意味着主体在道德修养的过程中应当无所依傍。孟子举例说,一定要等待文王出来后才奋发的,这只能算一般的凡人,至于出类拔萃的豪杰之士,即使没有文王,也能奋发而起。② 文王是儒家心目中的圣人,所谓奋起,主要是道德上的自我挺立。在孟子看来,自我在道德上的挺立,主要应凭借主体自身的努力,而不能依赖于圣人(文王)等外部力量。换言之,在圣人的外部影响与主体自身的努力这二者之间,孟子的注意之点更多地放在后者。孔子曾提出"为仁由己"的观点,所谓"由己",也就是把道德行为

---

① 《孟子·离娄上》。
② 参见《孟子·尽心上》。

视为主体自主的活动。孟子的以上看法,显然导源于此。

无所凭借的要求在进一步引申之后,便表现为不为外在的权势及地位所屈服。按照孟子的理解,社会的等级与道德关系不能加以等同。从社会等级上看,人与人之间有上下、尊卑等区分,但从道德上看,每一个人都能达到自我完善,亦即都可以有自身的价值。换句话说,德性与社会等级之间并不存在对应关系。以君与臣的关系为例,君主在政治地位上无疑高于臣下,但在德性上却未必优于臣,因此,对一个真正达到自我完善的人来说,他根本没有必要在君主之前妄自菲薄。孟子举例说,从前,鲁缪公数次去访问子思(孔子的孙子),并问子思:古代大国的君主与士人是怎样交朋友的?子思听了很不高兴,回答道:只听说古代国君以士人为师,难道他们能同圣人交友吗?孟子对此作了发挥,说子思的言外之意是:论地位,你鲁缪公是君主,我是臣下,哪敢同你交朋友?论道德,你应该向我学习,哪里有资格同我交朋友?[①] 在孟子看来,不仅子思是这样,古代的贤人无不如此。他们以理想的追求为乐,根本不在乎他人的权势富贵,即使王公大人,如果不恭敬尽礼,他们也可以拒绝见面,君主要见其面尚且难以如愿,更何况要随意支配他们!

可以看出,在地位与道德、权势与理想的区分背后,蕴含着对人格独立性的肯定:作为具有内在价值的主体,自我在人格上是独立的,外在的权势与地位,并不能降低主体的人格。这种看法既是无所待而奋起的逻辑引申,又是孔子所确认的个体性原则的进一步展开。如果说孔子的"为己""由己"之说主要从道德涵养的目标及方式上肯定了自我的内在价值并相应地为个体性原则提供了历史的开端,那么孟子的以上论点则从主体人格应当独立于外在的势、位这一角度,

---

① 参见《孟子·万章下》。

进一步深化了个体性原则并使之获得了更为具体的内涵。自孟子以后，自我尊重与人格独立的观念便构成了儒家价值体系的重要方面，它对中国人，特别是中国知识分子的影响，是不容低估的，所谓"士可杀而不可辱"便从一个侧面反映了这一传统。而从先秦群（群体）己（自我）之辩的演进来看，孟子强调自我的内在价值（人人有贵于己者），并肯定主体在人格上的独立性，同时又是对墨家片面突出"尚同"的扬弃：如果说墨子追求的是个体意志对整体意志的服从，那么孟子则要求充分地肯定主体意志的独立与尊严。

与拒墨相联系的是拒杨（朱）。如前所述，杨朱强调为我，并由此导向了自我中心，从否定杨朱的这一偏向出发，孟子将自我与他人的沟通提到了十分重要的地位。在他看来，自我并不具有封闭的性质，自我的完善也不应当被理解为最终的归宿。真正有德性的人，总是在完成自我的同时，又致力于他人的完善，修身的最后目的是天下的安定（"修其身而天下平"）。质言之，自我价值的实现，最后指向群体的完善。在从自我向群体的这种过渡中，个体的原则开始向群体的原则转化，而杨朱的自我中心则为群体认同所取代。

群体的认同当然不仅仅在于自我与他人的如上沟通，它有着多样的表现形式。就人与人之间的关系而言，它展开为一种"和"的原则，所谓"天时不如地利，地利不如人和"。孔子已提出"和为贵"的看法，不过，其侧重点在于礼的协调功能，而孟子则进一步从动态作用的角度，将"和"看作是社会力量之源：通过化解冲突，积极合作，社会便可以凝聚为一种强大的力量，这种力量是外在的天时、地利所无法比拟的。

要达到群体之中的和谐，便必须与他人同忧同乐。孟子曾告诫梁惠王：古代的圣君之所以能安乐，是因为他们不仅仅限于自身之乐，而是能够与民同乐。君主以百姓的快乐为快乐，百姓也会以君主的快乐为自己的快乐;君主以百姓的忧愁为自己的忧愁,百姓也会把君主的忧愁当作自己的忧愁。一旦与天下之人同忧同乐,那么必然能实现王道的理想。① 这些话虽然是直接针对统治者而言,但体现的是一种普遍的价值原则:对社会群体的关怀,应当成为个体行为的出发点。后来范仲淹将其概括为"先天下之忧而忧,后天下之乐而乐",它体现的是儒家传统中积极的一面,而这种传统在某种意义上可以上溯到孟子的如上主张。

孟子从肯定自我的内在价值和主体的独立人格,到强调群体认同,这一思路大致导源于孔子。如前所述,在群体与自我的关系上,孔子首先主张"求己"及"为人由己",认为应当按主体自身的理想来进行自我塑造,并对主体自我完善的能力表现了乐观的确信。不过,按孔子的看法,自我不仅仅以个体的方式存在,它同时又是群体中的一员;作为整体中的一员,自我应当具有开放的性质。根据孔子所提出的人道原则,个体在实现自我的同时,应当尊重他人自我实现的愿望。在忠恕学说中,上述原则得到了具体的体现:所谓忠,也就是自己想做的,应帮助别人去做到("己欲立而立人,己欲达而达人");恕则是自己所不想要的结果,也不要强加给别人("己所不欲,勿施予人")。一方面,自我构成了整个行为的出发点,帮助他人以自我实现为前提;另一方面,主体又不应停留于自我的完成,而应推己及人,由自我的道德提升进而努力使他人也达到道德上的挺立。

这样,在孔子那里,自我的实现已开始超越一己(个体)之域而指向群体的认同。事实上,孔子总是把自我的完善与关怀他人联系起来。当孔子的弟子子路问孔子什么是君子时,孔子的回答便是"修己以安人"。修己即自我的修养,安人则泛指社会整体的稳定和发展。

---

① 参见《孟子·梁惠王上》《孟子·梁惠王下》。

可以看到,对孔子来说,道德关系上的自我完善,最终乃是为了实现广义的社会价值(群体的安定与发展)。孔子的这些看法既不同于无视个体价值的极端整体主义,也不同于排斥群体的极端的自我中心主义,表现了将个体价值与群体价值、自我实现与社会进步统一起来的思维趋向,它对孟子的影响是显而易见的:孟子之拒杨(朱)墨(子),可以看作是孔子如上思想的逻辑发展。

当然,孔子将"安人"(群体的安定与发展)规定为"修己"(自我的完成)的归宿,似乎又内在地蕴含着群己关系的某种偏向:相对于群体的安定,自我的实现多少居于从属的地位。作为一种从属于安人的过程,自我完善的内容主要不是培养独特的个性,而是使自我合乎社会的普遍规范。这一点,从孔子的克己复礼说中便不难看出。依孔子之见,修己(自我的涵养)无非是以仁道原则来规范自我,而仁的内涵原则就是克己复礼。从广义上看,礼是一种普遍的社会准则,所谓克己复礼,也就是通过约束自我(克己)而使之纳入礼所规范的普遍模式之中。一般说来,个体在实现自我的同时,总是要经过一个社会化的过程,而个体的社会化(将社会的规范、要求内化于主体,并使主体行为合乎这些规范)确实又与群体的认同(社会认同)相联系,复礼的要求无疑触及了这一点。但孔子以克己复礼为自我完善的基本前提,多少以群体的认同抑制了个性的发展。从孔子的门生曾参的发挥中,我们可以更清楚地看到这一点。曾参曾说,我每天多次自我反省:替别人办事是否尽心竭力?同朋友往来是否诚实?老师传授的学业是否经常加以温习?① 在这里,反省的主体是"我",但反省的内容却是自我之外的他人(即是否履行了对其他社会成员所负的责任);个性的涵养基本上归属于对他人的责任之中。就此而言,孔

---

① 参见《论语·学而》。

子虽然对自我与群体作了双重确认,但其重心似乎更多地放在群体原则之上。

孔子的如上趋向同样体现于孟子,并在孟子那里得到了进一步的发展。前文已经提及,孟子在通过拒墨(子)而深化个体性原则的同时,又通过辟杨(朱)而高扬了群体的原则。那么,二者在总体上如何定位?孟子对此有一个解释。在谈到古代贤人时,孟子说过一段十分著名的话:古代的贤人在政治理想实现时,能使天下之人都受惠;政治上不得意时,则转而进行个人的道德涵养,并以此表现于世人。身处逆境时便独善其身,得志时则兼善天下。所谓独善其身,主要是一种道德上的自我实现,其具体内容便是合乎义,而义作为一种普遍的规范,则体现了个体对社会承担的普遍责任。在这里,独善(个人的完善)完全不同于道家的归隐或避世,相反,它本身是一种淑世(改良社会)的方式。于是,独善其身与兼善天下在本质上便体现了同一价值取向:二者在履行普遍的社会责任(合乎义)这一点上并无二致。根据这种理解,道德上的自我实现(独善),便被归结为群体完善的手段。在这方面,孟子不仅承继了孔子"修己以安人"的传统,而且通过使独善从属于兼善,将儒家的群体原则进一步强化了。

从先秦儒家的演变看,孟子的群己关系论在某种意义上构成了从孔子到荀子的一个中间环节。与孟子一样,荀子对个体的自我实现的可能及其积极意义并不表示怀疑,以为君子的实践最终是为了"善其身"(自身的完美)。不过,孟子所侧重的,首先是个体的道德价值,而荀子则认为,个体不仅仅是道德的主体,同时也是一种生命的存在,后者同样有其内在的价值。也正是从注重个体生命价值这一前提出发,荀子一再要求在身处乱世或与暴君相处时,应当善于谨慎应变,具体地说,就是在君主之前多讲歌功颂德的话,尽量为他的行为作掩饰,不要去揭他的短,等等,简言之,应当善于委曲求全。如果不顾环境特点而一味谏争,那就如同戏弄猛虎,最后必然祸及其身。在这里,个体的生命存在被提高到相当重要的地位:为了维持自我的生命价值,主体不妨屈从暴君之意。一般说来,人作为现实的主体,总是表现为理性精神与感性生命的统一,相对而言,孟子更多地是从人的理性精神这一角度去探求人的价值,对人的感性生命及其价值则似乎注意不够。荀子的如上看法,可以视为对孟子的一种补充。

当然,荀子对个体生命的强调,又有某种负面的意义。在他看来,为了避免"灾及其身",主体甚至可以对暴君阿谀奉承,讲违心话,做违心事。在这种主张下,主体的尊严、主体人格的独立性等似乎开始居于次要的地位:只要能够维护生命存在,即使曲意附顺也无可非议。事实上,荀子确实一再把顺从君命视为理所当然的事,其看法在某种意义上近乎"乡愿"(圆滑世故),相对于孟子把主体价值与人格挺立联系起来,强调卓然自立,不为外在的权势与地位所屈,荀子的如上价值取向不免使儒学在群己关系上的演进有所逆转。

不过,作为儒家中的人物,荀子并没有完全离开孔孟的立场,在进一步谈到个体与整体关系时,荀子的看法便开始接近于孟子。在他看来,作为主体,人的某些自然禀赋往往不及动物,如人的力气没有牛那么大,行走没有马那么快,其力量相当有限,如果彼此分离,势必都难以生存,然而,一旦不同的个体合为群体(结成一定的社会组织),就可以形成支配自然(例如服牛驾马)的力量。这样,群体实际上成为个体存在的基本前提。值得注意的是,作为每一个体存在的基本条件,群体开始获得了超越个体的普遍意义。这种从个体到群体的思路,与孟子显然有合辙之处。当然,二者对群体的理解又有某些差异:孟子所注重的群体,更多地表现为一种伦理结构;而在荀子那里,群体首先是一种征服自然并使人得以存在的社会组织形式。如果说孟子将群体提升到一个引人注目的地位,那么荀子则使群体的内涵得到了拓展。

关于群体如何建构的问题,孟子没有作更多的考察,荀子则对此作了较自觉的探讨,并提出了"明分使群"的观点。"分"主要表现为一种等级名分,按荀子之见,首先应当把社会成员区分为不同的等级,并为不同的等级规定相应的名分,在此基础上,才能建立稳定的社会组织。所谓"明分使群",便是对这一过程的概括。依据这一理解,群体主要便展开为一种等级结构,而君主则是这种等级结构的象征。正是从这一前提出发,荀子对个体(自我)与群体的关系作了具体的规定:一方面,个体的存在以群体的建构为前提,只有在群体之中,个体才能充分发挥自己的作用并实现自身的价值;另一方面,合群又以个体的合理定位为条件,群与己表现为一种彼此协调的关系。

与孟子一样,荀子对群己关系的理解,更侧重于化解个体与群体的紧张和对立,实现群与己的统一,这种价值取向,无疑体现了儒家传统积极的一面。不过,如前文所说,在荀子那里,群体主要被理解为一种等级结构,而个体则相应地表现为贵贱等级中的一员。换言之,个体基本上是被定位于等级系列之中,而不是真正以主体(具有独立人格的自我)的形式出现,其作用不外是发挥等级结构中的具体职能。这种观点,实质上是从外在的社会等级关系上去规定个体,对个体的内在个性未免有所忽视。与荀子的这一思维趋向相比较,孟子似乎对自我的主体性品格予以了更多的关注。尽管孟子并不否定社会等级结构的意义,但从总体上看,他更强调通过自我内在德性的涵养及人格境界的提升,以达到群己的和谐统一。在孟子看来,个体对群体的认同,唯有通过培养善的内在品格才能真正达到。孟子的这种观点,多少避免了以外在强制的方式来实现群己的统一。也许正是因为这一点,孟子在群己关系上的价值原则一再为后世有眼光的思想家所引述。

第六章

义利之辩

　　孟子的同时代人中有一个叫宋牼（又称宋钘、宋荣）的，以"禁攻寝兵"（反对战争）而著称。一次，宋牼打算前往楚国，在石丘这个地方遇到孟子。孟子问宋牼：先生要去哪里？宋牼回答说：我听说秦国与楚国正在打仗，我想去谒见楚王，劝说他罢兵。如果楚王不听，我便去劝秦王，劝秦国撤军。二国君主中，总会有一个听我的。孟子说：我不想知道详情，只想知道大意，你打算怎样进言？宋牼回答：我想对他们说，两国交兵是不利的。孟子听后不以为然，并发了一大通议论：先生的用意很好，可提法却有些不妥当。先生用利来劝说秦王、楚王，楚、秦两国因利益考虑而罢兵，就会使军队的官兵养成一种好利之心。推而广之，做臣下的也抱利的观念来为君主做事，做儿子的也以利的观念来对待父亲,这就会使君臣、父子等都不讲仁义,而仅仅以利相待,如此,国家必然会灭亡。先生不如以仁义去劝说楚、秦两国君主,楚秦二国将为仁义所打动而停止交战,这样,军队的官兵也会有一种好仁义之心,推而广之,君臣、父子、兄弟等之间也将不再仅仅追求利,而能以仁义之心相待,如此,便可以实现仁政的理想。①

这段对话虽然很长,但其涉及的问题却相当集中,即所谓"义利之辩"。宋牼以利益的考虑为出发点,孟子则强调应当以仁义为行为的基本原则。从逻辑上看,前一节所提到的群己关系,本来便内在地关联着义利关系。按其本质,群体与个体(自我)之间不仅仅是一种抽象的道德关系,最终指向具体的利益。质言之,群己关系的核心是群体之利与个体之利的关系。如何以普遍的规范来协调个体和整体之间的利益关系? 这一问题在儒学中便展开为义利之辩。义与宜相通,含有"应当"的意思,引申为一般的道德原则或规范(当然之则);利则泛指利益、功效等。作为一般的理论问题,义利之辩首先涉及道义原则与功利原则的关系。就广义言,"义"在某种意义上体现了理性的要求,"利"则往往落实于感性需要的满足,因而义利关系又关联着理性要求与感性欲望的关系。

由群己关系的考察,孟子逻辑地转向了义利关系的辨析。事实上,当孟子将合乎义作为独善其身的内容时,便已开始从一个方面涉及义利关系。就总体言,孟子的义利观乃是对孔子思想的进一步发挥,而这种发挥又以孔子以后先秦思想的演进为前提。这样,要完整地把握孟子在义利关系上的看法,并进而对其历史价值作出较为合理的定位,便不能不对其历史前导作一简略追溯。

---

① 参见《孟子·告子下》。

一、道义论的发端

孔子贵仁,而仁与义又很难相分。与注重仁道原则相应,孔子将义提到了重要的地位。按照孔子的看法,义作为道德规范,本身便具有至上的性质,并包含内在的价值。正因为义有自身的内在价值,所以没有必要到道德领域之外去寻找义所以存在的根据。孔子所理解的外部根据,首先便是指利,既然义有自身的内在价值而无须外部根据,那么结论便是不必喻于利,孔子断言"君子喻于义,小人喻于利"①,突出的也正是这一点。当然,在这里,孔子并非绝对地排斥利,而是主要着重于将利从义中剔除出去,换言之,他强调的是义作为当然之则,只有略去一切外部因素(包括利),才能使自身的价值得到净化。

从以上观点出发,孔子认为,行为的价值主要取决于行为本身,而无关乎行为的结果。如果行为本身合乎义(一般规范),那么,即使它不能达到实际的功效或利益,同样也可以具有善的价值。君子的行为便是如此,他尽管意识到某些理想难以实现,却并不放弃自身的努力,因为他把努力去实现理想这一行为看作是"义"的体现。所谓行为合乎义,首先是指行为动机的正当性,这样,以行为本身来评判行为的价值,就相应地意味着以行为的动机来评判行为。在此,孔子赋予行为本身以及行为的动机以绝对的价值,将"义"(当然之则)理解为一种无条件的道德命令,并把履行"义"(道德规范)本身当作行为的目的,而基本上撇开了行为的结果,这种观点带有明显的义务论倾向。

---

① 《论语·里仁》。

作为一种社会现象,道德行为总是具有二重性:从它的起源以及现实作用来看,道德乃是以社会的现实关系为基础,带有工具的性质(表现为满足人的合理需要,调节人际关系,维系社会稳定的手段);但同时,作为人的尊严和人的理性力量的体现,道德又有其内在价值,并相应地具有超功利、超工具性的一面。前者使道德具有现实性的品格,后者则体现了道德的崇高性。义务论强调道德的价值在道德自身,突出的正是道德的内在价值。就中国思想史而言,孔子在义利之辩上的贡献,首先在于把道德行为与一般的功利行为区别开来,并使之得到提升,从而将道德的崇高性(超功利性)这一面以强化的形式展现出来。孔子对义的如上强化与提升,在某种意义上表现了中国文化的道德自觉。当然,孔子由此而完全否定道德的现实基础,则又表现了义务论的抽象性。孔子在义利关系上的所见与所蔽,对后来孟子的思想产生了极为重要的影响,并规定了其基调。

义的规定主要涉及道德的价值基础,与这一问题相关,义利之辩还涉及另一问题,即怎样调节利。前文已经提到,君子不喻利,主要是强调道德原则(义)的成立不依赖于利,但这并不意味着完全忽略利。否定利是道德的基础与绝对地摒弃利,在逻辑上并不等价。事实上,孔子绝非无条件地弃功绝利。如他到卫国,并不是仅仅关心那里的道德风尚如何,倒是开口便盛赞该国人口众多。当他的学生问他"人口增加之后,应该进一步向哪个方向努力"时,孔子便毫不迟疑地回答:"富之。"①人口众多与富,在广义上属于功利的范畴,孔子的以上观点,显然包含着对实际功利的肯定。从孔子看来,功利的追求并不是一种绝对的恶,从社会范围来看是如此,就个人而言也是这样,孔子本人也并不讳言利。他曾这样说:"如果财富可以用正当的

---

① 参见《论语·子路》。

方式去求得,那么,即使做市场的守门人我也干。"反之言不及利,摒弃正当的功利活动,以致贫贱交加,这不仅仅不足取,而且是可耻的。① 正是基于如上看法,孔子一再要求多为百姓的利益考虑("因民之所利而利之"②)。

当然,肯定利在社会生活中的意义,并不表明可以无条件地追求利,那么如何对利加以适当的调节? 这就在更深的层面上涉及义利关系。按孔子的看法,尽管义不需要以利为根据,但利的调节却离不开义。如果不合乎义,则虽有利而不足取。孔子本人的态度便是如此,他曾说,干不正当的事而得到富贵,在我看来就如同天上的浮云。③ 如果仅仅以利本身为出发点,而不以义(当然之则)去约束利,那么必然导致不良的行为后果,并最终走向利的反面。例如,贪图小利往往会妨碍成大事("见小利,则大事不成"④),唯有以义制约利,才能避免这一归宿。

一般而论,利首先与个人或特殊集团相联系,而个人(或特殊集团)之利往往并不彼此一致,因此,如果片面地以利作为行为的唯一原则,则不可避免地将导致社会成员在利益关系上的冲突。相对于利而言,义总是超越了个人的特殊利益,具有普遍性的特点:它所体现的乃是普遍的公利,唯其如此,故能对特殊的利益关系起某种调节作用。这样,义与利的关系在一定意义上便表现为特殊之利(个人之利)与普遍之利的关系,而以义调节利,则相应地并不是为了消解利,而是旨在达到最大限度的利。孔子从"大事不成"这一功利角度反对执着于"小利",实际上便体现了如上思路。也正由于义体现了普遍

---

① 参见《论语·述而》《论语·泰伯》。

② 《论语·尧曰》。

③ 参见《论语·述而》。

④ 《论语·子路》。

的公利,孔子一再要求"见利思义"①"见得思义"②。这种看法在某种意义上将义(道德原则)之价值与公利联系起来,从而不同于康德仅仅从当然之则本身之中寻找道德规范的价值。孔子的如上看法对其义务论倾向也多少有所限制:它使孔子的义务论带有某种温和的色彩。

孔子以义制利的主张同时又是其群己之辩的具体化,注重义的规范功能与强调群体原则,在理论上彼此相契:义在一定意义上即是群体之利的体现。这种看法注意到了道德原则(义)在维护普遍的整体之利中的作用,并通过为利的追求规定一个合理的限度而避免了利益冲突的激化。与"义以为上"的命题一样,"见得思义"的要求所凸显的,乃是人的族类(社会)本质,它使人超越了个体的利益之争而真正地意识到社会整体之利的重要意义。历史地看,人的道德自觉的尺度之一,便是由单纯追求个体之利进而确认族类(社会整体)的利益,这种确认实质上构成了社会稳定与发展的必要前提。孔子所开创的儒家,在某种意义上便反映了如上的自觉。

不过,孔子在强调以义规范利的同时,又潜含着一种倾向,即突出普遍的整体之利(公利)。在"见利思义""见得思义"的价值原则中,义所代表的整体之利似乎被提到了至上的地位,这种倾向如果进一步发展,往往将导致以义抑制利,并相应地忽视个体之利。在尔后的儒家思想,特别是在正统儒学那里,我们便不难看到这一点。

二、墨法的崛起:功利原则的强化及其后果

相对于孔子,墨子对利予以更多的关注。如前所述,墨子提出了

---

① 《论语·宪问》。
② 《论语·季氏》。

兼爱的原则,而兼爱又与交利联系在一起。在墨子看来,真正的爱,总是要落实于利,"爱人"和"利人"是同一问题的两个方面。按其本质,兼爱体现了人道的原则,而交利则体现了功利的原则。如果说,孔子强调人道原则对功利原则的超越,那么墨子则要求将人道原则与功利原则结合起来。

墨子的功利原则展开于他的一系列主张之中。与孔子注重"亲亲"(宗法血缘关系)不同,墨子提出了"尚贤"的要求。"尚贤"即任用德才兼备者,它意味着打破宗法血缘关系,而之所以要尚贤,其主要的根据便是,唯有如此才能使"天下皆得其利"。换言之,尚贤的原则首先基于功利的考虑。同样,墨子的另一重要主张"尚同",也以功利的计较为出发点。"尚同"要求以天子的看法统一天下人的意志,而之所以要立天子,是因为如此便可以"为万民兴利除害",其他如"非攻""节用""节葬""非乐",以至"尊王""事鬼"等,无一不以功利原则为基础。以"节用"而言,其具体内容是节省不必要的开支,其目标则是达到"天下之大利"。又以"非乐"来说,乐在广义上泛指各种艺术的活动,而艺术活动之所以要取消,是因为它不利于圣人,不利于万民,其出发点仍是功利的考虑。

当然,与"为他"的价值取向相应,墨子所说的"利",更多地侧重于群体之利(天下之利),所谓"兴天下之利,除天下之害"的要求便表现了这一点。在这方面,墨子与孔子似乎又有相近之处。然而,孔子之重公利,是因为公利体现了"义"的准则,质言之,其出发点首先是义;与之相对,墨子则将"利"视为"义"的基础。在他看来,"义"本身不过是一种工具:"夫义,天下之大器也。"[①]其价值仅仅在于可以"利民",可以"利人"。这种看法固然扬弃了孔子的义务论倾向,但它本

---

① 《墨子·公孟》。

身在理论上倒向了另一个极端,即完全忽视"义"(道德原则)超功利的一面。在"义"即"器"(工具)的结论中,道德原则基本上沦为功利原则的附庸。这种以利为唯一准则的功利主义观点,最终将取消道德原则对利益关系的调节作用。事实上,在稍后兴起的法家学派中,我们便可以看到这一趋向。

法家与墨家并不同源,在很多问题上,二者往往相对立。墨家讲兼爱,崇尚的是人道原则;法家则强调暴力原则,主张以"法"这种强制性的暴力手段来调节人与人之间的关系。不过,在注重功利原则这一点上,二者却颇有相通之处。当然,墨子以"义"为工具,以为道德原则的价值在于"利人",这里虽然忽视了义(道德规范)超功利性的一面,但还没有完全否定"义"本身。法家则更进了一步,它首先把利由"天下之利"还原为个人之利。早期法家的代表商鞅在秦国变法,奖励军功,这种奖励主要是落实到个人;对违反法令者,往往从利益关系上来制裁。例如,他规定儿子成年后必须与父亲分家而居,如果违反这一规定,就"倍其赋",即加倍地征收赋税,这实际上是以利益作为调节社会关系的主要手段。由此出发,商鞅进而以功利原则排斥了当然之则。他说:"苟可以利民,不循其礼。"[1]所谓礼,既是指政治制度,又包括一般的道德规范。这样,对法家来说,只要能获利,便不必遵循一般的道德准则,后来韩非的非道德主义,便是这种观点的逻辑引申。在韩非看来,推行仁义等规范,最终必然导致亡国,乱天下,而如果对老百姓诱之以利,绳之以法,则可以保证社会等级制度的稳定。

法家认为变法不应受旧制度的束缚,这固然有其历史的合理性,但由此将功利与道德对立起来,以利的追求否定了当然之则的规范

---

[1] 《商君书·更法》。

功能,这又走向了另一极端。在有利可图就不必遵循礼的主张之下,功利成为人们追求的唯一目标,而人与人之间的关系,也被理解为赤裸裸的利害关系,由此构成的社会,必然将充满冲突和对立。事实上,在法家价值原则影响下的秦国便明显地表现出如上特点,人与人之间的关系甚至紧张到彼此监视、互相告发的程度。商鞅自己亦不免成为这种对立关系的牺牲品。他因遭秦惠文王之忌而受到通缉,被迫逃亡,四处奔走,却因担心被牵连而无一人肯收留他。最后商鞅被捕,车裂而死。这种悲剧性的结局从一个侧面表现了法家片面强调利益计较的弊病。

三、惟义所在: 道义论的凸出

从孔子到墨子,再到早期法家(如商鞅),先秦的义利之辩经历了一个曲折的演进过程,这一过程在历史与逻辑双重意义上构成了孟子考察义利关系的前提。墨子有见于功利原则,但又将其作了不适当的强化;法家沿着这一方向走得更远,其片面性亦表现得更为明显。这一前提对孟子的义利观产生了两重影响:一方面,它使孟子较孔子更多地注意到了物质利益与道德的关系;另一方面,墨、法将功利原则推向极端以及由此形成的负面效应,又促使孟子将恢复道德的尊严视为己任,并由此上承和发展了孔子"义以为上"(强调道德原则的至上性)这一传统。

就第一方面而言,孟子的思想首先体现于对道德意识基础的考察。在孟子那里,道德意识常常被称之为"恒心"。恒心(道德意识)究竟是如何形成的? 其形式的前提是什么? 孟子对此作了较为具体的探讨。在与齐宣王的一次交谈中,孟子提出了这样的观点:对一般民众来说,如果没有一定的产业基础(无恒产),那就不会有稳定的道德意识(无恒心),而不形成稳定的道德意识,便会胡作非为,违法乱纪,什么事都干得出来。因此,英明的君主都会使百姓拥有一定的产业,让他们上足以赡养父母,下足以保证妻儿的生活,年成好,可以丰衣足食,收成不好,也能免受饥寒。在此基础上,再去引导老百姓走正路(为善去恶),那么他们必然会很容易听从。[①]

给老百姓以一定的产业(制民以恒产),这是孟子仁政说的基本内容之一。作为仁道原则的引申与展开,它同时被赋予某种道德的意义:正是稳定的产业(恒产),构成了稳定的道德意识(恒心)的必要条件。在这里,孟子已开始注意到道德意识与物质生活及经济境况之间的关系:道德意识的形式,要以物质生活的满足为其基本的前提。这与《管子》一书中"仓廪实而知礼节,衣食足而知荣辱"[②]的思想含义相近。顺便指出,《管子》一书是战国时期不同学派的著作汇集,其中掺杂了先秦各家的思想。上面所引"衣食足而知荣辱"(温饱解决之后才会求善避恶),与孟子有恒产方有恒心之说似乎有一定的理论关系。相对于孔子"义以为上"的命题,孟子的如上思想无疑已接触到道德的外在基础。

从深层的内涵看,稳定的产业(恒产)与道德意识(恒心)所涉及的,乃是人的需要与道德要求的关系。所谓制民之产(给老百姓一定的生产条件)无非是使人们能获得一定的生活资料,从而满足基本的物质需要,只有在达到这一点之后,才可能产生道德的要求(使之为善去恶)。关于这一点,孟子在另一处举例作了说明:人没有水,没有火,便不能生存,但是如果黄昏夜晚之时敲别人的门去找一点水或借一个火,却人人都乐意给,为什么呢? 因为水与火很多,得之容易。

---

① 参见《孟子·梁惠王上》。

② 《管子·牧民》。

圣人治理天下,应努力使粮食像水和火那样多。一旦粮食像水火那样多,则可以使民众形成仁的品格。① 在这里,孟子显然对人的感性需要采取了比较宽容的态度,并把这类需要的满足视为一种合理的要求。更值得注意的是,孟子以基本感性需要的满足为形成内在德性的前提,从而就肯定了不能把道德理解为远离主体基本需要的抽象规范。

孟子的以上看法表明,随着先秦义利之辩的展开,特别是墨家与法家对功利原则考察的深化,儒家在道德问题上的视野也有所开阔:它已开始超出道德本身,指向了道德之外的更广的领域;孔子那种就道德而论道德的立场,亦多少受到了限制并取得了某种温和的形式。在这方面,墨家与法家似乎起了某种正面的引发作用。

然而,除了正面的引发之外,墨家与法家在义利关系上的理论偏向,特别是法家对功利原则的过度强化,又从反面促使人们对义利关系重新加以定位,后者在某种意义上具有更为重要的意义。不妨说,正是墨法的反面激发,使孟子同时突出了道德原则(义)的作用。按孟子的看法,以恒产(稳定的生产资料)为恒心(道德意识)的基础,并不意味着可以将人与人之间的关系完全归结为利益关系。如果仅仅考虑利益得失,那就很难避免社会成员之间的紧张与冲突。《孟子》一书开篇即记录了孟子与梁惠王(即魏惠王)的一番议论,其中孟子便着重发挥了这方面的思想。梁惠王见到孟子,第一句话就是:您老先生不远千里来到魏国,想必会给魏国带来一些实际利益吧!孟子一听便不以为然,并不客气地回答说:您为什么一开口就谈利?假如一个国家的君主仅仅关心怎样为自己的国家谋利,君主下面的大臣也仅仅关心怎样为自己的封地谋利,推而广之,一般民众也纷纷为自

---

① 参见《孟子·尽心上》。

身谋利,这样,上上下下竞相追逐利,国家便会发生危险,甚至会出现大夫弑君的事。①

人的存在固然离不开利,道德意识的形成也不能完全撇开感性需要的满足,但利总是首先与特殊的集团或个体相联系,而不同的社会集团、不同的个体利益关系往往并不一致,如果以利为行为的唯一原则(上上下下都一味追逐利),便无法保持社会的稳定:社会最终将在冲突中走向危机。从孟子对梁惠王说的那一番话中可以看到,他已经比较清醒地认识到,把人际关系仅仅纳入利益的框架,必然会导致消极的社会后果。换言之,对孟子而言,应当将人从单纯的利益计较中提升出来。

事实上,在孟子关于无恒产(无恒定的产业)则无恒心(无稳定的道德意识)之说中,已经蕴含着超越功利关系的要求:恒产固然是恒心的前提,但给百姓一定的产业,其目的乃是使他们形成稳定的道德意识(恒心)。按其本质,道德意识无非是"义"(当然之则)在主体之中的内化,而"义"作为普遍的规范,总是体现了一般的公利,因而能够对特殊的利益关系加以调节。在上面所提到的与梁惠王的那段对话中,孟子在否定了仅仅追求利的价值取向之后,提出的正面命题就是:"亦有仁义而已矣"(只要讲仁义就行了)。而只讲仁义,也就是以道德规范作为调节利益关系的准则。在孟子看来,义对利的这种规范作用,主要便是通过恒心(稳定的道德意识)而实现的,一旦从天子到普通民众都普遍地确立了道德意识,那么上下逐利而导致的社会冲突就可以得到缓解。相对于法家对功利原则的片面强调,孟子要求以义制利,亦即运用当然之则对利益关系作出合理的调节,似乎更多地注意到了道德在维护社会稳定与和谐方面的作用。从另一侧

---

① 参见《孟子·梁惠王上》。

面看,利益关系带有一种手段的性质:在利益计较之下,人与人之间的关系仅仅是一种互为手段的关系;而义则超越了单纯的手段。就此而言,以义制利同时意味着扬弃人际关系的工具性(手段性),它对于克服法家以利益为调节人际关系的准则,并相应地把人降低为手段的偏向,无疑具有不可忽视的理论意义。

不过,由否定唯利是求,孟子对"义"的功能又作了不适当的强化,以为只要合乎义(当然之则),则不必考虑行为的后果。他曾这样说,有德行的人,说话不一定要守信,行为不一定要考虑是否带来实际的效果,只要遵循义即可("惟义所在"①)。这里包含两重含义:其一,道德原则(义)具有至上的性质,它并不以外在的经验事实为基础;其二,对主体言行的价值判断,不必以行为的结果为依据,而只需看其动机是否合乎义。这样,义本身似乎便成了目的,而主体的行为则相应地表现为为义而行义。从这方面看,孟子显然不仅没有超越发端于孔子的义务论倾向,而且使之进一步明朗化。

四、从义利之辩到理欲之辩

义作为普遍的规范,总是以理性要求的形式出现,利在广义上以需要的满足为内容,而这种需要首先表现为感性的物质需要,这样,义与利的关系往往进而展开为理性要求与感性需要的关系。在这方面,孟子的思路同样明显地上承了孔子,因此问题还得从孔子谈起。

前文曾提及,对合理的利益,孔子并没有完全加以拒斥,与这一点相应,孔子对感性的物质需要并不简单地加以否定。《论语·乡党》中记载,孔子平时对饮食等颇为讲究,吃的粮食要精而又精,鱼、

---

① 《孟子·离娄下》。

肉要切得很细,变质的米或鱼肉都不吃;食物颜色难看,气味难闻,也不吃。饮食所满足的,是人最基本的感性需要,食不厌精,即表现了孔子对这种需要的肯定。不过,尽管孔子并不怀疑感性需要的正当性,但反对沉溺于此,在他看来,合理的态度是适当地满足感性的要求,而不去无限制地追求这方面要求的满足。感性要求本身无可厚非,但超过适当的度,则将转向反面。要避免这种状况,便必须以理性的要求对这种感性欲望加以节制。

在义利关系上,孔子总的趋向是强调"义以为上",与这一主张相联系,孔子更为关注理性的要求。在孔子看来,感性的欲望固然不应当忽视,但相对而言,理性要求具有更重要的意义,因此,人首先应当服从理性的规定。他曾一再强调,君子应当把主要精力放在"道"之上,而不应用心于衣食,君子所忧虑的,应当是"道"能不能实现,而不是能不能获得财富。道所指的是广义的社会理想(包括道德理想),用力于道,体现的是一种理性的追求。在感性要求(衣食的满足)与理性追求(道的实现)这两者之间,后者显然具有优先地位。当然,不谋衣食并不是指完全摒弃感性欲望,而是使物质的需要从属于理性的追求。一旦立志为道(理想)而奋斗,则即使处于艰苦的生活境遇,也可以得到精神上的愉悦。孔子曾这样称赞他的学生颜回:"颜回真是一个有德性的人。每天粗茶淡饭,住在简陋的小巷,别人都不能忍受那种贫困的生活,颜回却感到很快乐。"[1]这种人生态度,同样体现在孔子自己的道德追求之中,孔子曾说:"吃粗粮,喝白水,弯着胳膊作枕头,也可以有很多乐趣。干不正当的事而得到富贵,在我看来就如同天上的浮云。"[2]这里描述的"乐",也就是后来儒家(特别是宋明

---

[1]　参见《论语·雍也》。

[2]　参见《论语·述而》。

新儒学)常常提到的"孔颜乐处"。它的核心是超越感性的欲求,在理想的追求中,达到精神上的满足。孔颜的这种境界将精神的升华提到了突出的地位,强调幸福不仅仅在于感性欲望的实现,从而凸显了人不同于一般生物的本质特征。在理性对感性的超越中,人作为道德主体的内在价值,也得到了更为具体的展示。

不过,应当看到,孔门的如上境界,同时又蕴含着理与欲(理性要求与感性欲望)之间的某种紧张。在谋道(为理想而奋斗)不谋食(不追求衣食),安贫乐道的价值取向中,人的感性需要尽管没有被否定,却被理解为一种从属的因素;理性的要求似乎可以在感性欲望之外,甚至先于感性欲望而得到满足。一般说来,理性更多地从一个侧面体现了人的本质,而感性则与人的特定存在相联系,孔子过分强调理性优先,显然未能真正达到人的特定存在与普遍本质、感性与理性之间的统一,它在理论上潜下了以人的理性本质抑制人的感性存在的可能。在孟子那里,我们便可以看到这一趋向。

如前文所述,在认识论上,孟子将理性的原则提高到了极为突出的地位,在义利关系上,则以恢复和强化"义"(普遍规范)的作用为其理论重心,而"义"在本质上同样体现了理性的要求,作为以上二重致思趋向的逻辑结果,孟子对"大体"予以了更多的关注。所谓"大体",本来指"心之官"(思维器官),引申为理性的要求;与之相对的则是"小体",亦即人的感官,其引申之意则是感性的欲望。在孟子看来,理性与感性既有大小之分,又有贵贱之别,感性永远只是从属的地位,不能以感性的欲望去抑制理性的要求。一个人如果注意发展其理性的品格,就能够成为有德性的君子;如果一味听任感性的冲动,就会堕落为小人。孟子举例说,若是有人只知保护其一个手指,却让其肩头、脊背受伤,自己还不知原委,那就是糊涂透顶的人。同样,只讲究吃喝,而完全缺乏理性追求的人,必然要遭到大家的轻视,因为他以小而失大。①

　　孟子认为人不能停留在感性的层面,而应当追求理性的升华,无疑有其合理的方面。一般说来,感性的需要往往带有自然的性质,而理性的需要则更多地体现了人之为人的普遍本质。就此而言,孟子对"大体"(理性要求)的注意,显然具有使人超越自然的存在并完美地实现人之为人的普遍本质的意义。不过,孟子以大小、贵贱来区别理性与感性,似乎又表现出贬抑感性要求的倾向,相对于理性的追求,感性的需要多少显得有些无足轻重。这一趋向在孟子的恒心与恒产说中,已以潜在的方式蕴含着:一方面,道德意识(恒心)的形成固然以基本需要的满足为前提,另一方面,感性的基本需要的满足,又以道德意识(恒心)的确定为目标。就后一方面看,给民众一定的产业(恒产)以满足其基本的感性需要,实质上只具有手段的意义(亦即服从于确立恒心这一目标),这种看法如果作进一步的推论,便很自然地可以引出"从其大体"(无条件地服从理性的要求)这一结论。

　　可以看到,尽管孟子没有对人的感性需要采取简单排斥的态度,但他视感性为"小"而"贱",毕竟蕴含了重理(理性要求)轻欲(感性欲望)的价值取向。这种价值取向是其在义利观上强调"惟义所在"的逻辑结果,对尔后儒家,特别是宋明新儒学的理欲之辩,产生了重要的影响。

---

　　①　参见《孟子·告子上》。

第七章

权变的注重与独断的趋向

　　《孟子》一书中的《尽心上》篇,记载了孟子与他的弟子桃应之间的一段饶有趣味的对话。桃应问孟子:假定舜做天子,皋陶做法官,而舜的父亲瞽瞍杀了人,那该怎么办?孟子回答说:把瞽瞍逮捕起来。桃应又问:那么,舜难道眼看自己的父亲被抓而不加阻止吗?孟子答道:舜怎能随便阻止?抓他父亲是有法律根据的。桃应进而问:既然如此,那舜究竟该怎么办?孟子的回答是:舜并不在乎天子之位,对他来说丢掉天子之位就如丢弃一双穿破的鞋子一般。因此,父亲被抓后,他会偷偷背着父亲逃走,靠着海边住下来,快快乐乐地生活,并逐渐忘掉曾经做过天子这回事。

　　这段对话涉及伦理学中一个十分重要的问题,即道德冲突问题。作为一国之君,舜在父亲犯法时不能徇情枉法,只能听任主管司法的人去执法;但作为儿子,舜又不能对父亲被抓完全无动于衷。这里既存在着道德与法律间的紧张,又牵涉不同道德规范(对国之忠、对父之孝——广义的忠与孝)的冲突。尽管以上的情景是在假设中提出的,而且孟子以舜背着父亲偷偷溜走作为解决冲突的方式也多少带有某种戏剧性,但在这种假设背后所蕴含的却是一个相当现实而严肃的问题:如何解决主体在具体境遇中所面临的道德冲突?

与道德冲突直接相关的,是道德原则的绝对性问题。道德原则(例如奉公行法、孝敬父母)是否具有绝对的性质?这种绝对性是否排斥可能的变通?如何解决不同道德原则间的冲突?等等。这些问题,在儒学中常常展开为经与权的关系。"经"突出的是道德原则的恒常性、绝对性;权的原始含义是秤锤,作动词用时指衡物以知其轻重,引申为灵活变通。过分强调原则的绝对性,往往容易导向独断论,后者又常常以权威主义的形式表现出来;权变的引入,则构成了对独断论与权威主义的某种限制。

一、理 论 前 导

孟子对经权关系的解决,在理论上亦以孔子为其前导,要把握孟子在这一问题上的基本观点,便不能不对其思想源头作一追溯。

前文已经提到,按孔子的看法,义具有至上的性质(所谓"义以为上"),这里已蕴含着对道德原则绝对性的注重。在解释"仁"这一基本伦理原则时,孔子对此作了更为具体的说明:真正的完善人格(君子),总是无时不遵循仁道,即使仓促匆忙时,也一定合乎仁道,颠沛流离之时,同样不会违反仁道。孔子用了两个"必"字("造次必于是,颠沛必于是"①),来强调道德原则的这种绝对性。

仁道的外化,即表现为礼,仁与礼尽管有内在与外在的分别,但作为一般的道德原则,二者在普遍必然这一点上并无二致。时时遵循仁,意味着时时合乎礼。当颜渊问孔子怎样做才算合乎仁时,孔子一口气规定了四项要求:"非礼勿视,非礼勿听,非礼勿言,非礼勿动。"②意即不合礼的事不看,不合礼的话不听,不合礼的话不说,不合礼的事不做。在这里,人的一切言行举止,几乎全部纳入了礼的框架之中,换言之,礼作为道德原则而构成了无条件的绝对命令。

道德原则一旦被赋予无条件的、绝对的形式,便同时具有超越具体利益关系的性质。按周礼的规定,诸侯之国每月初一都要用一只活羊去祭祖庙,孔子的学生子贡以为用活羊去祭未免可惜,于是,打算免去以羊祭庙这种形式。孔子知道后,颇不以为然,他对子贡说:你可惜的是那只羊,我注重的是礼。③ 在孔子看来,以羊祭祖是礼所规定的形式,它体现了礼的神圣性,因而尽管这样做在经济上(利益关系上)有所损失,但断不可免。在这种近乎固执的态度中,我们可以看到孔子对道德原则合理性的某种信念,不妨说,它实际上从道德原则与具体利益的关系上,进一步突出了当然之则的至上性。

一般说来,道德原则总是体现了一定时期的社会关系,一旦把它理解为不可须臾相离的超验律令,便往往使它带上独断的性质。事实上,在强调当然之则的至上性时,孔子确实表现出某种独断论的倾向,这一点,在其正名说中,表现得相当明显。孔子的弟子子路曾问孔子:如果从政,应当先干什么? 孔子明确回答:必须先正名。接着

① 《论语·里仁》。
② 《论语·颜渊》。
③ 参见《论语·八佾》。

便进行了一番具体的论证：概念用得不确切，观点的表述便不合逻辑；观点不合逻辑，事情就办不好；事情办不好，礼乐制度就难以建立；礼乐制度不完备，则刑罚就会不当；刑罚不当，老百姓就会手足无措。① 在孔子那里，名作为一般的概念，同时又引申为普遍的原则。正名的本意是以名正实，在广义上，则指以一般的价值原则去规范社会现实，或者说使社会现实合乎既定的价值原则。这种观点既具有先验论的性质，又使一般的原则变成凌驾于社会现实之上的教条，从而打上了某种独断论的印记。它在尔后的正统儒学中，逐渐衍化为权威主义的价值观。

不过，尽管孔子由强调仁、礼等道德规范的绝对性而表现出某种独断论的倾向，但作为儒学的开创者，孔子的态度还不像后来的正统儒家那么褊狭。在要求以原则规范现实（正名）的同时，孔子并不完全否认原则本身在运用过程中的可变通性。例如，按周礼的规定，礼帽应用麻料来制，但在孔子的时代，出于节俭的考虑，大家已开始用丝料来做。对这种变化，孔子并不僵硬地拘泥于礼，而是采取了顺从大众的态度。换句话说，在孔子看来，礼并非绝对不可变。在不违反基本原则的前提下，礼的某些具体要求，可以随时代的变迁而作出相应的调整。这种灵活性同样体现在处世原则上。孔子曾提出这样的看法："危邦不入，乱邦不居，天下有道则见，无道则隐。"②意即凡是不安全的国家，就不应当进去；缺乏社会秩序的国家，不应逗留；天下政治清明，就出来从政；政治不清明，就隐居。一个有德性的人，固然应当为社会尽力（履行普遍的社会责任），但这种要求并不是无条件的，而应根据具体的社会状况而定；当社会没有为理想的实现提供必要

---

① 参见《论语·子路》。
② 《论语·泰伯》。

条件时,就不必拘守兼善天下的原则,而应具有灵活的应变能力。即使在处理君臣关系时,也不例外。根据礼的要求,臣下对君主必须效忠,但按孔子的看法,忠君的原则并非一成不变,是否遵循忠君原则,要看主体所面临的特定的境遇,一旦情形不适宜,就不必执着于这一原则("以道事君,不可则止"[1])。

孔子的如上思想,已开始将道德原则与具体的情景联系起来。对此,孔子曾作过一个总结性的概述:"君子之于天下也,无适也,无莫也,义之与比。"[2]义本来指当然,但当它与"无适""无莫"相联系时,便同时带有适宜、权宜之意。所谓无适,是指不专执于某种行为模式;无莫,亦即不绝对地排斥某种模式;义与之比,则是根据具体境遇,选择合适的行为方式。这些看法显然注意到了道德行为既需普遍原则的指导,又必须考虑人所处的特定境遇。从理论上看,道德规范作为普遍的律令,总是具有超越具体情景的一面,这种普遍性既体现了道德的内在价值与尊严,又在某种意义上使之有别于具体的道德指令。在西方,从柏拉图到康德的理念伦理学注重的主要是道德律令的普遍制约性,对具体道德境遇的分析则相对忽视,直到现代的实用主义、存在主义以及境遇伦理学,才开始把具体道德境遇的分析提到重要地位。相形之下,孔子在强调道德原则(仁、礼)绝对性的同时,又主张"无适"(不执着某种具体模式)、"无莫"(不绝对排斥某种模式),似乎已触及理念伦理与境遇伦理的关联,它对伦理原则上的独断看法,无疑有所限制。

当然,尽管孔子对道德原则的变通表现出某种容忍,但就总的趋向而言,他的注重之点仍放在原则的至上性方面。孔子的学生子夏

---

[1] 《论语·先进》。
[2] 《论语·里仁》。

曾对此作了发挥：个体在日常小节上可以稍微放松一点，但在重大的原则上不能逾越界限。就是说，具体境遇中的权变，乃是以坚持基本的规范为原则。以孝敬父母而言，在孔子看来，这是基本的伦理规范，虽然这并不妨碍在某种条件下可以对父母有所规谏，而不一定要求无条件地顺从父母。但一旦这种规谏与父母的意志发生冲突，那就应当唯父母之命是从。这里蕴含着一种观念，即在经（道德原则的绝对性）与权（道德原则在具体境遇中的变迁）二者之中，前者是更为根本的方面。这种思维趋向对孟子发生了直接的影响。

二、从权变的确认到息邪说：走向独断论

前文曾提到，孟子与其弟子桃应的对话，已尖锐地提出了如何解决道德冲突的问题，而按孟子的看法，这一问题的解决，首先与"权"相联系。较之孔子，孟子更明确地阐述了权变的观念，他曾指出："执中无权，犹执一也。所恶执一者，为其贼道也，举一而废百也。"[1]如前所述，作为一种行为准则，"权"的基本含义是灵活变通，与之相对立的"执一"，则是指拘守某种规范而不知变通。执一必然导致一般规范的僵化，并使之难以应付丰富多样的社会生活（举一废百），从而最终限制规范本身的作用（贼道）。一般说来，对原则的灵活变通，总是与个体的特定存在相联系，并且最终又是通过具体的个体而实现，以"权"否定"执一"，意味着个体并非一般原则的附庸，相反，原则本身唯有通过个体才能具体化。

作为一般原则的灵活变通，"权"首先要求对不同的存在情景作具体分析。关于这一点，孟子举例作了阐释：按照周礼的规定，男女

---

① 《孟子·尽心上》。

之间不能亲手递接东西,然而,如果嫂子不慎掉到河里,那就应当用手去拉一把,后者便是对一般原则的变通(权)。① 在这里,对具体情景的分析,便构成了灵活运用原则(权)的前提。这种以境遇分析为依据的"权",又称为"时"。在孟子看来,孔子便是"圣之时者",因为他能够根据具体情况恰当地调整行为方式。例如,他离开齐国时,不等把米淘洗干净,马上就走,其所以如此,是由于齐国的君主不能接受他的政治主张;但在离开鲁国时,则一步三回,行动迟缓,因为鲁国是孔子的祖国,对祖国应有一种恋恋不舍的情感。总之,应当快走就快走,应当留下干就留下干;该不做官就不做官,该做官就做官。这里便显示了孔子的灵活性。② "权"或"时"的观念,体现的都是对具体存在境遇的注重。

就其注重具体境遇而言,孟子的观点与存在主义有某种相通之处。如萨特曾以一个著名的例子来说明主体境遇的二难性质:二次大战期间,一个法国青年面临着一个困难的选择——或者陪伴孤独的母亲,或者投身于抗击德寇的斗争。不过,存在主义强调具体境遇中的选择是一种纯粹个体性的行为:它既没有先前的例子可以遵循,又无一般原则作根据。这样,存在主义所理解的具体境遇中的选择,便具有一种相对主义的性质。与此不同,孟子反对"执一",主要指不拘守某种普遍的规范,而不是完全摒弃这种普遍规范,因此,反对执一,并不意味着否定普遍原则或规范的作用。毋宁说,它在某种意义上乃是为了使普遍规范的作用得到更好的体现:当孟子强调"执一"(拘守规范)将破坏普遍原则本身("贼道")时,便表明了这一点。同样,在舜的父亲杀人被捕这一假定下,孟子以舜背着父亲远走高飞作

① 参见《孟子·离娄上》。
② 参见《孟子·万章下》。

为解决道德冲突的方式,也体现了一般规范的制约:带着父亲逃走,意味着以孝作为行为的最高原则。在孟子看来,尽管主体在具体境遇中可以灵活变通(权),但这种变通同时必须以某些普遍的原则为依据。例如,嫂子不慎落水,固然可以不受男女不可接触这一规定的限制,但以手拉救嫂,本身亦体现了更为普遍的仁道原则:见死不救就如同禽兽,这完全违背了仁道原则。总之,特定境遇中的具体分析与变通,并非完全离开普遍的道德原则。正是在此意义上,孟子一再强调"君子反经而已矣"①,"反经"意味着最终目标乃是回到普遍的原则。相对于现代西方存在主义片面强调选择的自主性,孟子肯定灵活变通(权)与遵循一般原则(经)的统一,其思路似乎更为健全。

当然,在孟子那里,权与经尽管相互联系,但二者又有主次之分:权在总体上从属于经。如前所述,孟子反对拘守一般规范(执一),是由于执一必将导致道(一般规范)难以完善贯彻(贼道)。换言之,权(变通)或多或少被视为维护最高规范(道)的手段,而"君子反经"(回到普遍规范)等要求则更明显地表现了这一趋向。对孟子来说,权的作用主要在于通过各种具体规范的适当调整,使道(最高规范)的运用更为完善,并不是从根本上偏离道(普遍原则)。对普遍之道的神圣性,孟子始终确信不疑。他曾一再强调,经世治国而不遵循先王之道,是不明智的。孟子自己则一言一行都以"尧舜之道"为依据。在此,道似乎被提到了至上的地位,它为人们的政治、道德行为规定了一个不可超越的界限。对道(普遍原则)的如上理解,已蕴含着导向独断论的契机。

儒学之道一旦趋于独断化,对儒家之外的其他学派和学说便很难有一种宽容的态度。前面已经提到,孟子在战国时代有好辩之名,

---

① 《孟子·尽心下》。

而这种辩,便具有一种卫道的性质。孟子本人对此并不讳言,他说:孔子之后,圣王一直未出现,诸侯无所忌惮,在野的人士也横发议论,特别是杨朱、墨翟的学说,几乎充斥天下,各种主张不是归属于杨朱,便是归属于墨翟。我(孟子)对此深为忧虑,于是出来捍卫圣人的学说,驳斥错误的谬论,使提出邪说的人没有影响。总之,我(孟子)与各家争辩,是为了端正人心,泯灭邪说,反对偏激的行为,以上承禹、周公、孔子等圣人的学说,难道这是好辩吗? 这是不得已!① 不同学派、学说的出现,反映了百家争鸣的历史状况,而在孟子看来,百家的议论,都不过是淫辞邪说,它们的存在对先王之道构成某种威胁,为了维护先王之道,应禁绝众说。这显然已蕴含定于一尊的要求。相对于孔子,孟子无疑向权威主义迈出了一步。

从更为深层的方面看,孟子的如上思想似乎蕴含着如下意向,即以儒家的学说(圣王之道)来统一天下观念。按孟子的看法,以先王之道为核心的儒家学说便是真理的化身,人们的言行唯有完全纳入其轨辙,才算合乎正道。这里体现的是一种思想统一的要求,而这种要求又隐约地折射了时代的趋向。孟子生活的时代大致是战国中期,就历史演进的趋势而言,它在某种意义上已处于大一统的前夜。事实上,差不多一个世纪以后,秦始皇便完成了统一中国的大业。一般说来,政治上的统一趋向既会直接或间接地反映在思想观念上,也需要某种舆论上的准备。法家与儒家在战国中后期所展开的王霸之辩,便反映了这一历史要求。所谓王道与霸道,可以看作是对统一方式的不同选择:法家重霸道,即主张以暴力方式一统天下;儒家则以"王天下"为目标,试图通过仁政的方式来统一天下。孟子要求确立先王之道的权威,并以此拒斥百家之言,客观上,从统一意识形态这

① 参见《孟子·滕文公下》。

一角度,为走向大一统提供了某种舆论准备。就此而言,孟子对普遍原则的强化(以经压倒权),似乎并非完全没有历史理由。

在后于孟子的荀子那里,我们同样可以看到类似的思维趋向。与孟子一样,荀子并不否定对原则的灵活变通,但他同时强调"以义应变",即是说,一般的原则尽管可以视具体的情景作合理的变通,但这并不意味着无条件地否定原则本身,相反,原则之中总是包含着某种稳定的方面,原则的这一稳定的方面,便构成了灵活应变的依据。由此出发,荀子较多地强调了一般规范中的绝对性一面。以礼而言,荀子以为,其核心的方面不能有所损益(增减),不仅如此,它还具有永恒不变的性质,可以作万世之则。

一般规范之中最为普遍的层面,也就是道。道是唯一的:"天下无二道,圣人无两心。"①正是道的这种唯一的、至上的品格,使之能够担负起统一天下之人观念的职责:"道足以壹人而已矣。"②所谓以道壹人,无非是以至上的、绝对不变的道,来统一人们的意志。较之孟子,这里定于一尊的趋向似乎表现得更为明显。与孟子一样,荀子对儒家之外的诸子之说,更多地采取了批评、否定的态度。孟子拒杨墨,将主要锋芒指向杨朱与墨子的学说,荀子则推而广之,由拒杨墨扩展到非十二子。《荀子》一书中便有《非十二子》一篇,集中抨击了当时影响较大的十二派学说。从孟子到荀子,对"经"(原则的绝对性)的强化导向了"以道壹人"(统一意识形态),这里既折射了走向大一统的历史过程,又为后来正统儒家的权威主义价值原则提供了先导。在这里,孟子对中国文化的影响,同样呈现出颇为复杂的特点。

---

① 《荀子·解蔽》。
② 《荀子·王霸》。

第八章

现实与理想的二难：面向往古

一、现实的批判及其历史意向

　　孟子要求通过拒杨墨、斥邪说以维护儒家之道，已从一个侧面隐隐透露出对当时社会现状的不满：在他看来，处士的横议、各种学说的纷涌而起，已使社会面临思想混乱的困境。当然，孟子的社会批判并不仅仅限于思想领域，它在更广的意义上涉及社会的各个方面。在与诸侯的对话、与弟子的交谈之中，孟子总是一再从不同角度对社会现状加以抨击。按他的观点，自周公去世后，天下便再也没有出现过太平盛世的气象，社会上也很少有人讲仁义之道，倒是暴行不断，臣下犯上作乱，父子之间相残。诸侯们在国内横征暴敛，园林成片，歌舞行乐，视百姓如草芥，以至民不聊生。为了争城掠地,又驱使老百姓去打仗,搞得天下很不安定。总之,社会充满了黑暗,孟子用两句话概括了当时的状况:"世衰道微,邪说暴行有作。"①

孟子对社会的批判态度,其思想渊源同样可追溯到孔子。孔子生当春秋末年,这是一个社会急剧变革的时代,原有的礼制一再受到挑战,形成了所谓"礼崩乐坏"的局面。孔子对此忧心忡忡,并一再对违反礼的行为加以抨击。按礼的规定,只有天子才能用六十四人的歌舞队,诸侯歌舞不能超过四十八人,大夫则只限于三十二人。可当时鲁国的大夫季氏却公然用六十四人在庭院奏乐舞蹈,这是一种很明显的僭越行为,孔子对此深感不快,并作了严厉的批评:"是可忍也,孰不可忍也!"②以为这是一种无法容忍的行为。歌舞队伍超过规定的标准,还算是形式方面的问题,较这种现象更为严重的是政治上的犯上作乱。在春秋时代,国君被弑的就有数十人,而像齐桓公、晋文公这样的霸主,则凭借军事、政治上的力量,挟天子以令诸侯,以至取代了周天子的宗主地位。对这类现象,孔子更是时时加以指斥,以为这是"天下无道"的表现。身处变革的时代,目睹种种违礼的行为,孔子处处觉得看不惯,他曾这样描述当时的社会现状:居于统治地位的人不宽宏大量,行礼的时候不严肃认真,参加丧事时无悲容,这种样子我怎么看得下去呢?③ 这里既夹杂着对世道的忧虑,又深深地渗入了一种社会批判的意识,它在某种意义上为儒家的批判传统开了先河。

当然,社会批判并非仅见于儒家,先秦诸子中的另一重要学派道

---

① 《孟子·滕文公下》。
② 《论语·八佾》。
③ 参见《论语·八佾》。

家,同样表现出十分强烈的社会批判意向。在《老子》一书中,我们便不难看到这一点。它一再抨击当时的统治者政治腐败,终日忙于搜括财富,以至土地荒芜,粮仓空虚,民众时时面临饥馑的威胁。激于义愤,《老子》一书甚至痛斥执政者为群盗之首。由揭露社会政治的黑暗,《老子》进而将锋芒指向了一般的伦理规范,以为仁义等规范的提倡,反而使天下之人失去了敦厚淳朴之心,结果是六亲不和、尔虞我诈、勾心斗角的现象处处可见。庄子同样表现出类似的批判意向,在他看来,当时社会已没有什么正义而言,臣下弑君篡位,已成窃国大盗,却位子坐得安安稳稳,小国不敢非议,大国不敢讨伐,齐国的田成子便是如此。一般人偷个钩子,便要被处死;而窃国之人却可以成为诸侯。不仅如此,他们还可常常获仁义的美誉。上层当政者以仁义等规范为工具,而在下层的普通人中,社会规范却成了束缚的网络,以至难以使本然的天性得到自由发展。总之,在道家的眼中,他们所处的,绝不是一个健全而合理的社会。

当然,道家的社会批判又有自身的特点。稍加考察便可看到,在道家那里,社会批判往往与文明批判联系在一起。按道家的看法,社会存在的种种弊端不仅仅是社会的问题,同时又是文明的痼疾。在自然状态下,人的天性都纯朴而自然,人与人之间的关系也不存在对抗和紧张,一旦由自然状态进入文明形态,人的天性便受到了压抑,而完美的人际关系也遭到了破坏。可以看出,道家抨击现存的社会关系,最终旨在回到自然状态。事实上,《老子》心目中的理想社会,便是一种远离文明的社会。它的特点是:国小而民少,虽有车船、工具、器物,都不使用,文字也不要,仍然像原始初民那样,以结绳的方式来记事,一旦定居在什么地方,便不再搬迁。相邻的国家,鸡狗的叫声都能相互听到,但老百姓到老死也不相往来。在这种社会中,每一个人都少私寡欲,浑浑噩噩,就像初生的婴儿。这基本上是一种前文明的状态。庄子进一步从一般价值观的角度,提出了"无以人灭天"。这里的"天"是指人的自然本性,"人"则是人文的规范。牛马有四条腿,这是自然的;"络马首,穿牛鼻",则是人为的束缚。同样,按庄子之见,文明社会的各种规范、制度,都是对人的束缚,应当加以超越。庄子本人对社会的功名看得很淡。按史书记载,楚威王曾慕庄子之名,派人以重金聘请他去当宰相,但受到他的回绝。他对来人说:千金是一笔很可观的财产,卿相是很高的职位,但这好比祭祀用的牛一样,养了很多年,还给它披上漂亮的衣服,但最终仍不免被人宰了后送入太庙当祭品,那时,即使想做一头自由自在的小猪,也不可能了。我宁愿在污泥中自得其乐,也决不为帝王们所束缚。这里既有士的清高,但更流露出对文明价值的鄙视。与《老子》的作者一样,庄子一再地表现出对文明的不满与对自然状态的向往,所谓"无以人灭天",无非是要求保留自然状态。

相对于道家,孟子所表现的是另一种思路。尽管在揭露社会的各种弊端等方面,孟子与老庄颇有相近之处,但在出发点与具体内容上,二者相去甚远。依老庄,社会上各种弊端的出现,是由于文明的演化对自然状态的否定,换言之,问题的症结在于文明本身;依孟子,"邪说暴行"之盛行,则是因为先王所制定的文明规定遭到了践踏,换言之,问题的关键不在于文明对自然的超越,而恰恰在于文明的制度本身遭到了破坏,因此,出路不在于从文明回归自然,而在于健全文明制度。这样,与老庄将社会批判同怀疑文明价值联系起来不同,孟子的社会批判最后归本于文明的完善,而要实现这一目标,便必须以儒学为准则。孟子的这一思路避免了使社会批判流于消极的否定或反文明,并使儒家形成一种不同于道家的批判传统。

二、与农家的分歧：文明社会的特征

通过社会批判以完善文明形态，是孟子的基本思路。根据孟子的看法，一个完善的文明社会，总是应当具有完备的分工系统，在这方面，孟子与农家发生了重要分歧。

农家对社会分工基本上采取了否定的态度，以为即使居君主之位，也应当自食其力，通过耕种、织布以解决衣、食等基本需要。这里既包含对社会平等的向往，又流露出对初民时代的缅怀。农家似乎忽视了，随着社会的进化，必然会出现不同形式的社会分工，这种分工不仅存在于不同的生产部门（如农耕与工艺等），而且表现在体力劳动与脑力劳动、社会的管理机构与组织等。分工既是文明发展的结果，又将转而推动文明的进一步发展。当然，在历史发展的一定时期，社会分工往往伴随着社会的不平等，如体力劳动与脑力劳动的区分，便常常与统治和被统治的关系联系在一起，但这种现象在一定历史阶段又是很难避免的。事实上，文明总是在这种二律背反中前进。相对于农家，孟子对社会演进的大势似乎有更为清醒的认识，尽管他对劳心和劳力的区分明显地渗入了等级观念，但肯定文明的社会应当有完备的分工系统，这无疑较农家更多地体现了历史的要求。

孟子有一个弟子，叫彭更。也许是受许行一派农家思想的影响，他对孟子不自食其力的生活方式感到不理解，曾问孟子：带着数十辆车子，后面跟着数百名追随者，从这一个国家吃到那一个国家，您这样做，是不是有些过分？孟子答道：如果不合理，一箪饭也不能接受；如果合理，即使像舜那样接受整个天下也不为过。彭更不以为然，说：我所指的不是这方面的事，我的意思是，读书人不劳动而吃白饭，这样做不妥当。孟子于是进一步从分工的角度对此作了解释：如果不相互服务,不彼此交换不同行业的产品,以多余的换取不足的,那么农民就会有多余的粮食,从事纺织的妇女也会有用不完的布。如果能互通有无,那么木匠、车工等不从事农耕的人也可以获得粮食。除了工匠、车工等人外,社会上还有一种人,他们虽然不从事农耕等劳动,却在家孝敬父母,外出尊重长辈,严格遵守古代圣王的礼法道义,尽心培育着年轻后代,这种人难道就不能获得衣食之资吗?①

孟子与彭更的这番对话,涉及社会分工的一个更具体的问题,即知识分子是否有存在的理由。战国时期,随着经济、文化的发展,"士"已成为一个引人注目的社会阶层。士的成分当然较为复杂,但它以知识分子为主体,则似乎是事实,孟子本人便属于士这一阶层。彭更的思路与许行相近,以为凡人都要通过亲自劳动,以解决衣食之需,士不劳而食,因而其生活方式是不合理的。与彭更相对,孟子认为,士同样有其特定的社会职能(例如从事道德教化),是社会分工系统中一个不可或缺的环节,正如农、工作为分工系统中的一环有其存在理由一样,士亦有其自身的价值。

一般说来,知识分子是从事精神文化创造的社会群体,只有当社会生产达到一定程度,这一群体才能形成,而它一旦形成,对社会文化的繁荣和发展又将产生积极的推进作用。没有一个从直接的生产劳动中解脱出来的知识分子群体,科学、艺术、教育等的发展便必然会受到限制,甚至趋于停滞。彭更批评知识分子没有直接参加生产劳动,显然忽视了体力劳动与脑力劳动分工的社会意义,按其逻辑加以推论,则必然将取消精神文化的创造。相对于此,孟子对知识分子社会作用的肯定,无疑从文化创造的角度,确认了社会分工的历史意义。从孟子的时代看,如此明确地将社会分工视为文明存在与发展

① 参见《孟子·滕文公下》。

的必要条件,似乎并不多见,在这一方面,孟子确实表现出一种超乎同时代人的眼光。

三、理想在过去:面向往古

不过,孟子虽然肯定了文明的社会需要完备的分工系统,但具有分工系统并不意味着已进入理想的社会形态。按孟子的看法,理想社会并不在他所处的时代,而是在往古:尧、舜、禹等圣王之世,才是真正的理想社会。每当圣王出来,太平盛世也就随之到来;一旦圣王去世,历史则进入了黑暗时代。尧舜之后,圣王之道一度衰落,暴君随之而起,民田被夺,老百姓几乎无法生存;武王诛纣,盛世再现,但到孟子之时,世道又开始衰微。因此,孟子一再要求"法先王",以回到理想的社会,并认为不按先王之道来治国,便是不明智的:"为政不因先王之道,可谓智乎?"①总之,理想在过去。根据这种观点,历史似乎并不表现为一种前进运动,而是呈现为一个后退的过程。它表明,尽管孟子肯定了从自然状态到文明社会的演化,并相应地注意到社会分工的历史意义,但在社会历史观上,还缺乏一种真正的进步观念。

孟子的以上思路,明显地上承了孔子。在社会历史领域,孔子的基本思维趋向是"信而好古"。所谓"古",首先与周代礼制相联系,而周代的礼制又以夏、商二代为根据:"周监于二代。郁郁乎文哉!吾从周。"②周及夏商代表了过去的时代,按孔子的看法,正是这一时代,凝聚了完美的文化成果,展示了理想的社会形态。这里固然包含着对理想社会的向往和追求,但这种追求并不表现为对未来的展望,而

---

① 《孟子·离娄上》。

② 《论语·八佾》。

是表现为对过去的回溯和缅怀,这里已渗入了崇尚往古的价值取向。

　　从理论上看,文化的发展是一个绵延的过程,它的每一次新的进步,总是以已有的文化成果为其历史前提;对传统的虚无主义态度,必然将导致对文化本身的虚无主义态度。孔子的"信而好古",首先表现出对文化历史延续的关注,所谓"从周",强调的便是文化的前后相承。事实上,就文化的演进而言,唯有通过文化的前后承继,才能使每一时代所达到的文化历史成果不断得到积累,并进而形成稳定的文化传统。儒家注重文化延续性的价值取向,对形成中华民族源远流长的文化传统,确实产生了无可否认的影响。

　　然而,由注重文化的历史延续,孔子又表现出某种因循尚古的趋向。他固然注意到了历史不能割断,并肯定了应当尊重以往的文化历史成果,但又把一定历史阶段所达到的文化成果视为最完美的文化形态,亦即将以往的文化加以理想化,从而形成了一种理想在过去的思维定势。正是本着这一思路,孔子宣称:一旦得到任用,便将恢复周代礼制。孔子的这些原则,为孟子设定社会理想提供了理论先导。尽管随着时代的变迁,孟子已不像孔子那样一再强调"从周",但在总体上并没有超越将三代(圣人之世)理想化的思维框架。按孟子的看法,春秋的霸主虽然成就了霸业,却不仅难以同古代圣王之世相比,而且是对圣王传统的破坏;至于当时的诸侯,与春秋五霸相比较更等而下之:"五霸者,三王之罪人也;今之诸侯,五霸之罪人也。"①总之,唯有圣王之世才是完美的社会形态。孟子以恢复井田制作为实现仁政的途径,同样反映了回到传统的思维趋向。与孔子一样,孟子在注重文化的延续性的同时,对未来的开创不免有所忽视,在这方面,孟子和道家、农家似乎又有某些相近之处:三者都表现出过重的

---

① 《孟子·告子下》。

传统情结,所不同的是,道家较多地将传统追溯到自然状态,农家主要缅怀初民时代,而孟子则执着于圣王传统。这种浓重的传统情结对尔后的中国文化产生了颇为复杂的影响。它在为现实的社会批判提供根据的同时,也多少抑制了开创未来的意向。

第九章

人格境界

　　孟子通过对既成社会形态的批判,对理想的社会作了规定。由展现理想的社会,孟子进一步对理想的个体作了设定,后者具体展开于他的人格学说之中。社会可以看作是"大我",个体则是"小我",正是在对小我人格境界的设定中,更为具体地展示了孟子的价值理想。

一、仁 智 统 一

　　完美的自我应当包含何种品格?孟子首先从仁、义、礼、智几个方面作了考察。在孟子那里,仁、义、礼、智既表现为行为的规范,又是主体内在的品格,二者从不同方面展示了同一道德理想。作为完美自我的内在品格,"仁"具体表现为一种"恻隐之心":"恻隐之心,仁也。"恻隐之心主要指同情心,引申为普遍的仁爱精神。"义"本来是对主体的外在要求,在内化为自我的品格后,即以羞恶之心的形式出现:"羞恶之心,义也。"所谓羞恶之心,首先表现为一种道德责任感,它在更广的意义上则指道德上的自我意识(一旦做了不合乎道德规范的事,便会受到这种意识的自责)。"礼"作为内在的品格,表现为"恭敬之心"或"辞让之心":"恭敬之心,礼也。"它所体现的是一种尊重他人、先人后己的价值取向。"智"主要以是非之心的形式出现:"是非之心,智也。"其特点在于对行为作理性的判断和约束,并赋予自我以自觉的品格。① 可以看出,在仁、义、礼、智四者之中,基本品格是仁与智,所谓羞恶之心与恭敬之心(辞让之心)无非是仁智融合的具体形态。正是在这一意义上,孟子有时直接以仁和智来概括理想的人格:"仁且智,夫子既圣矣。"②这里的夫子即指孔子,而孔子之所以已达到完美的人格境界,便在于他具备了仁与智的双重品格。

当然,以仁与智为主干的以上四重品格,并没有穷尽理想人格的内涵。除了具有仁爱的精神与自觉的理性等,完美的自我还应当勇于舍生取义,而这里便离不开意志的选择。孟子以鱼和熊掌的选择为例,对此作了阐释:鱼是我所喜欢的,熊掌也是我所喜欢的,如果二者不能兼得,便只能放弃鱼,而要熊掌。同样,求生是我的愿望,遵循当然之则也是我的愿望,但当二者发生冲突时,我便宁愿为道德而献身。③ 舍鱼而取熊掌,与舍生而取义,都表现为主体意志的自主选择。孟子很注重主体人格中的意志品格,并提出了所谓"浩然之气"说。

---

① 参见《孟子·告子上》。
② 《孟子·公孙丑上》。
③ 参见《孟子·告子上》。

前文已提到,当弟子公孙丑问他:先生的所长在哪里? 孟子便回答了两条:一是"知言",即善于分析别人的言辞;另一便是养浩然之气。公孙丑进一步问他:什么是浩然之气? 孟子认为这很难说清,但仍作了一些界定。这种气坚毅而不可限量,以正当的方式去加以培养,不去损害,那就会充满天地之间,无所不在,少了它,便会缺乏力量。①关于浩然之气的含义,历来众说纷纭,而充塞于天地之间这一类的描述,确实也使之带上了几分神秘感。不过,透过玄秘的形式,便不难看到,所谓浩然之气,主要是一种与主体意志相联系的精神力量。当然,与舍生取义主要侧重于意志的选择功能有所不同,它所体现的,更多的是意志的坚毅果敢气概。在孟子看来,主体一旦培养了这样一种意志的力量,便可以成为顶天立地的大丈夫,所谓充塞于天地之间,便暗示了这一点。孟子一再强调主体应当不为外在的"位""势"所屈,而始终保持自身人格的独立,从某种意义上说,人格的独立性正是以坚毅而不可限量的浩然之气为其内在的精神支柱;反过来,"浩然之气"说也从更深的层面上反映了主体在人格上卓然挺立的要求。

以浩然之气的形式表现出来的意志力量,与仁、智等品格并非相互排斥。在孟子看来,作为人格的内在规定,浩然之气的特点在于"配义与道"。"义"与"道"都是指理性的规范,所谓配义与道,便是理性规范对意志力量的渗入和影响。前文已提到,孟子一再要求"从其大体",而大体无非是理性的品格,这一原则在意志与理性的关系上,便表现为心之官(理性)对意志的制约。事实上,在舍生取义的选择过程中,即可以看到这一点,"生"与"义"之间的选择固然体现了意志的功能(舍生取义首先是意志的决断),但意志的选择同时又是基

---

① 参见《孟子·公孙丑上》。

于对道德价值的理性思考。

孟子对理想人格内涵的设定,大体源出于孔子。在孔子那里,人格理想始终关联着其仁的学说:作为孔子思想的核心,仁既体现了人道的原则,又为人格提供了多重内容。仁的基本要求是爱人,这一要求决定了理想人格必须具有一种仁爱的精神。作为理想的品格,爱人不仅仅一般地表现为对他人的尊重、关心,更在于同他人在情感上的相互沟通,亦即以真诚之情来对待他人。当孔子的弟子子张问"什么是仁"时,孔子便提了五点具体细则:恭、宽、信、敏、惠。恭、宽、敏、惠体现了对他人的尊重、理解及恩厚,信与诚相通,主要是一种真诚的情感。在此,对他人的竭诚友爱便构成了人格的内在规定。当然,与他人在情感上的相通,并不意味着无原则的爱人。仁者(理想人格)的特点在于既能爱人,也能憎恨缺乏德性的人。总起来,爱人与憎人从正面与反面表现了人格的情感内涵。

仁者除了真诚的情感外,还展示出意志的力量。孔子说:"仁者必有勇。"①这里的"勇",便可视为意志的品格。意志首先具有自主选择的功能。主体是否以仁的规范来塑造自己,即取决于自主的选择;一旦有了履行仁道的意向,那么在具体的行为上便会表现出来("我欲仁,斯仁至矣"②)。从另一方面看,意志还表现为一种一往无前的坚韧毅力。在孔子看来,为了实现仁道,即使献出生命,亦应在所不辞:"志士仁人,无求生以害仁,有杀身以成仁。"③正是这种意志的坚毅性,构成了完美人格的又一规定。在这里,已经可以看到孟子"舍生取义"之说的历史源头。

---

① 《论语·宪问》。
② 《论语·述而》。
③ 《论语·卫灵公》。

当然,对孔子来说,至诚的情感、坚定的意志并非隔绝于理性之外,作为人格要素的"仁",总是与"知"联系在一起。如果我们对孔子的忠恕之道作一考察,便可进一步看到这一点。忠与恕是推行仁道的方式,而二者的基本前提便是仁与知的统一:一方面,"己欲立而立人,己欲达而达人"(忠)以及"己所不欲,勿施于人"(恕),体现了对他人的尊重、同情和友爱;另一方面,由己而推及他人,同时展开为一个理性推论的过程,换言之,爱和诚的情感,一开始就受到理性的制约。同样,意志也不能游离于自觉的理性。例如,勇决果敢本来是一种美德,但如果缺乏理性的规范,则会蜕变为一种消极的因素(导向盲目的冲动):"有勇而无义为乱。"①正是基于这一看法,孔子一再要求"志于道",亦即确立理性的普遍规范(道)的主导作用。

可以看到,在仁道这一总的前提下,孔子对理想人格作了多方面的规定:它既有仁爱的情感,又有坚定、自主的意志,而二者又与自觉的理性相融合。从而,完美的人格既涵盖于人道精神之下,又表现为知、情、意的统一。孟子对人格的设定,基本上没有超出这一总的思路。当然,较之孔子将人格的各个要素统摄于仁这一最高范畴下,孟子对人格的内涵作了更多的展开,并将人格与德性联系起来,使作为基本规范的仁具体化为仁义礼智等品格。与孔子一样,孟子已多少注意到人的内在品格不应当偏向一端,而应当在各个方面都得到发展,从而扬弃片面性。

二、品 格 与 形 象

人格作为主体的内在品格,往往直接或间接地制约着主体的行

---

① 《论语·阳货》。

为。一般说来,行为总是展开于具体的环境之中,行为所涉及的情况也往往千差万别,从一定意义上看,每一特定的行为都具有不可重复的性质。如何使不同境遇、场合中的行为保持内在的统一性、一贯性?这便涉及行为者(主体)本身的品格。相对于行为的个别性、多变性而言,行为主体(自我)的人格总是具有内在的稳定性和恒常性(绵延的统一性),这样,人格对行为便具有了一种统摄作用:它使自我在各种环境之中都能保持道德的操守,从而扬弃行为的偶然性,避免在道德与非道德之间的徘徊动荡。换言之,它使善的行为具有稳固的趋向。孔子已开始注意到人格的如上功能,以为一旦形成以仁道为内涵的人格,那么在具体的行为中便可以自觉合乎道德规范。孟子对此作了进一步的发挥。在他看来,君子的特点便在于具有仁、义、礼、智等德性:"君子所性,仁义礼智根于心。"[①]正由于具有了这种恒定的品格,因而在日常环境中,其举手投足,一言一行,无不具有善的性质。

人格对行为制约与影响,也就是人格通过行为而外化的过程。就是说,人格不仅仅表现为一种内在的结构,而且有其外在展现的一面。作为行为的主体,自我总是在复杂的社会关系和社会结构中占有一定的位置,这种位置就是所谓社会角色。例如,君、臣、父、子便是不同的社会角色,孔子对这些角色极为重视,并提出了"君君,臣臣,父父,子子"的要求,意即君主应承担好君主的角色,以此类推,臣、父、子也都应承担好各自的角色。正是在承担社会角色的过程中,内在的德性(品格)得到了具体的体现。作为社会中的一员,自我在承担某种角色时,总是要与其他社会成员发生联系,而在这种交往中,同样体现出人格的境界。孔子很注重人格在交往中的外在表现,认为在待人接物时,外貌要庄重,这样便可以得到别人的尊重,态度

---

① 《孟子·尽心上》。

要端正,这样便可以得到别人的信任,说话时应注意语言和节奏,这样就可以避免鄙俗和粗野。所有这一切,都是主体在社会交往(承担某种社会角色)中的行为方式,而在孔子看来,这种交往方式又是人格高尚的表现。孟子在考察人格境界时,也注意到这一方面。在他看来,人格美,应当在文明的交往形式中得到确证,行为不慎,其人格必然也会受到人们的鄙视。孟子举了一个十分生动的例子:做父母的,都希望儿女能成家,这是人之常情,无可厚非,但是,如果男女成年之后,不等父母开口,不经媒人介绍,便钻墙洞或从门缝中相互窥视,爬过墙去幽会,那这很难得到别人在人格上的尊重。① 孟子对男女交往的看法,当然有其历史的局限,但肯定完美的人格离不开合理的交往方式,则并非毫无所见。

以仁、义、礼、智等形式表现出来的品格,在某种意义上可以看作是"内在的我",而在社会交往中展现出来的我,则是"外在的我"。孟子上承孔子,将内在的品格与外在的行为方式联系起来,意味着把理想的人格理解为内在的我与外在的我之统一。这种看法与现代西方的存在主义似乎形成一个对照。存在主义把自我提升到了本体的地位,而他们所理解的自我,主要是内在的我。按照存在主义的看法,本真的、自为的我,总是具有内在的特点,一旦内在的我外化于具体的社会关系,那就会失去本真的状态,而成为一种沉沦的我。这样,在存在主义那里,内在的我与外在的我(展现于具体社会关系中的)便处于一种紧张、对立,甚至冲突的关系之中,而主体的人格则相应地被赋予孤独、焦虑、绝望等形式。相对于存在主义这种缺乏健全形态的人格,孟子肯定内在的我与外在的我之统一,无疑更多地体现了儒家人格健康的一面。

---

① 参见《孟子·滕文公下》。

作为内在的我与外在的我之统一，人格总是具有一种相对完整的形象。孟子曾通过对乐正子的评价，较为具体地描述了理想人格的形象。乐正子是孟子的学生，有一个齐国人曾问孟子：乐正子是怎么样的人？孟子回答说：乐正子是"善人"，是"信人"。那人又问：什么叫"善"，什么叫"信"？孟子由此作了一番发挥：人们努力追求并希望得到的，就是"善"（"可欲之谓善"）；真正内在于自身的便是"信"（"有诸己之谓信"）；各方面的人格要素都具备的，就是"美"（"充实之谓美"）；不仅充塞于内，而且完美地表现于外，便是"大"（"充实而有光辉之谓大"）；通过表现于外而产生感染与教化作用，这就是"圣"（"大而化之之谓圣"）；以无形的、潜移默化的形式表现出教化作用，便是"神"（"圣而不可知之之谓神"）。[①] 这里重要的不是对乐正子其人的评价，它的真正意义在于对完美的人格形象的规定。"善"表现了理想人格所具有的德性，它总是为人们所向并合乎人们的意愿（可欲）；"信"，意味着这种德性是主体真正具有（有诸己）而不是外在的矫饰，它体现了一种真的品格；"美"是全面性的要求，它提示了理想人格应当是各个要素的统一（充实之谓美）；"大"表明完美的人格必然是内容与形式的统一（充实于内而表现于外）；"圣"突出了人格的道德感染力与教化作用；"神"指出了人格的教化作用具有润物细无声的特点。总起来，理想的人格便表现为一种善、真（信）、美相统一的完整形象，而这种人格同时又蕴含着无形的道德力量。

三、人皆可以为尧舜

按其实质而言，人格不外是道德理想的体现。不过，与一般的道

---

① 参见《孟子·尽心下》。

德理想不同,人格理想只有进一步化为人格典范,才能获得具体的形态。在孟子以前,孔子大致将人格典范区分为两类,即圣人与君子。孔子曾说:圣人我现在是无法见到了,能见到君子就很不错了。从中我们也可以看到,尽管圣人与君子都是理想人格的具体形态(在孔子那里,二者的内涵在某些方面相互交替),却分属于两个不同的序列。按孔子的解释,圣人是理想人格的完美化身,它构成了人格的最高境界。从逻辑上说,凡是人,都可以成圣(达到圣人境界),但从现实形态来看,圣人又是一种很难达到的境界。孔子本人就从来不敢以圣人自居。他曾说:至于圣和仁这样的境界,我怎么敢说已经达到?即便像尧、舜这样的贤明君主,孔子也不肯轻易称其为圣人。他的弟子子贡曾问他,假定有一个人,能够普遍地给人民以恩惠,并周济老百姓,是不是可以称为“仁者”?孔子回答说:如果真能这样,那岂止是仁,几乎可以说已经达到圣人的境界了,尧、舜在这方面尚且有一定距离。[1] 可见,在孔子的心目中,尧、舜还没有完全达到圣人的境界。尧、舜尚且如此,其他人便更难企及了。这样,圣人实际上便具有一种范导的意义:作为理想人格的完美化身,人们不断地趋向于它,但又很难完全达到它。

孔子对圣人的如上设定,包含着一个值得注意的观点,即道德理想的追求本质上是一个无止境的过程,人们不可能一蹴而就地达到某一个终点。同时,圣人作为一种范导的目标,为人们提供了一种崇高的精神境界,使人始终受到理想的鼓舞,从而能够避免世俗的沉沦,不断实现精神升华。

相对于圣人,君子可以看作是理想人格的现实体现,君子固然不如圣人那样尽善尽美,但也不像圣人那样难以企及,而是表现为一种

---

[1]　参见《论语·述而》《论语·雍也》。

现实生活中的典范。孔子对君子品格的描述,总是与现实的日用常行相联系。例如,君子在家庭关系中,能够对父母竭尽孝道("君子笃于亲"),君子在待人接物中稳重而不盛气凌人("君子泰而不骄"),君子在社会交往中能与人和谐相处,但又不结帮派("君子和而不同"),等等。① 这里没有什么高不可攀之处,一切都是那么平易而切近。如果说圣人这种范导目标使主体始终具有超越的要求(超越现实的"我"),并使理想的追求表现为一个无限延伸的过程,那么君子这种现实典范则给人生提供了某种具体的操作规范,从而避免了人格理想的抽象化、玄虚化。两种人格典范的统一,使孔子对人格的设定有别于思辨的虚构。

不过,孔子把圣人规定为最高的人格境界,同时又强调这是一种只能不断接近,却难以真正达到的目标,这毕竟使人格的理想显得过于遥远。尽管君子这种现实典范给人们提供了一些可操作的规范,但从逻辑上看,君子多少是走向终极目标(圣人)的中介。如果最高的人格目标是可望而不可即的,那么其现实的激励作用便不免会有所弱化。在孔子那里,这一问题虽然尚隐而未彰,却蕴含于其思想之中。在这方面,孟子的看法与孔子有所不同。按孟子的看法,圣人虽然是最高的人格目标("人伦之圣"),却并非可望而不可即。从历史上看,不仅尧、舜是当之无愧的圣人,而且像伯夷、柳下惠等贤人也都达到了圣人的境界,孔子更是集圣人之大成。从其现实形态看,圣人与君子不存在范导目标与操作规范的差别,进而言之,圣人甚至也并非超然于一般的人之上。孟子一再指出,圣人与民众乃同属一类:"圣人之于民,亦类也。"②作为同类者,圣人与一般人也具有不少相通

---

① 参见《论语·泰伯》《论语·子路》。

② 《孟子·公孙丑上》。

的地方,不妨说,圣人本身即来自普通人之中,而不是一种超验的存在。这样,从存在的意义上看,圣人与普通人一开始便有一种内在的关联,这种关联又使理想与现实得到了沟通:圣人作为理想的人格典范,首先是现实社会中的一员,同样,在现实的"我"与理想的典范之间也没有不可逾越的鸿沟。

正是根据以上看法,孟子肯定人人都可以成为尧舜那样的圣人。当时有人曾问孟子:凡人皆可以为尧舜,有没有这回事?孟子明确回答:是这样。① 这里体现的是一种普遍的道德自信,作为与圣人同属一类的社会成员,每一个人都可以达到理想的道德境界。而在这种乐观信念的背后,蕴含着一种道德上平等的观念:在都可以成为圣人这一点上,人与人之间并无本质的差别。这种看法似乎是对孔子的某种修正。如前所述,在孔子那里,圣人主要表现为一种范导目标,它很难为一般人所达到,就此而言,圣人多少有一种超验的性质。相形之下,孟子的如上确信则使这种超验性有所淡化。在中国文化史上,"人皆可以为尧舜"的观念逐渐成为激励人们不断实现道德升华的内在动力,其影响无疑是深远的。当然,在强调道德理想植根于现实人伦的同时,孟子对理想超越于现实这一特征似乎有所弱化:当他由圣人与民同类而导出凡人皆可以成圣时,理想人格与现实人伦的接近这一面无疑显得较为突出,而其超越现实这一面则似乎显得相对不足。

四、内 圣 的 走 向

对孟子来说,作为人人皆能达到的境界,理想人格主要表现为一

---

① 参见《孟子·告子下》。

种内圣的品格。健全的个体固然表现为内在的我与外在的我的统一，但判断一个人是否已经在道德上得到升华，主要以其"存心"为依据，而理想人格（君子）高于一般人的地方，也正在于其"存心"："君子所以异于人者，以其存心也。"①所谓存心，主要是内在的德性或道德意识的涵养。在此，内在的德性（内圣）便构成理想人格（君子）的根本特征。在孟子对所谓"大丈夫"的描述中，我们可以更具体地看到这一点。大丈夫是理想人格的化身，而这种人格的特点便在于"富贵不能淫，贫贱不能移，威武不能屈"②。相对于内在的精神境界而言，富贵、贫贱、威武等基本上表现为外在的因素，理想人格（大丈夫）的崇高性，即在于具有坚定的操守，不为外在的力量所移、所屈，这种操守所体现的，正是内圣的品格。

也正是基于如上看法，孟子对"贤"与"能"作了区分，以为"贤者"应在位（给予名誉性的地位）并加以尊重，而"能者"则应在职（负责具体工作），并加以使用。按其本义，"贤"主要是内在的道德品格或德性，"能"则指经世治国的实际才干，前者属内圣，后者属外王。孟子将尊重贤者与使用能者加以区分，亦即把实际的致用功能从贤者之中分离出来，多少意味着架空理想人格的外王（经世致用）规定。

孟子的以上看法，对孔子的人格学说似乎有所偏离。按照孔子的看法，人格在外化于具体的社会关系时，同时应获得一种外王的品格，这种外王品格可以有不同的形式，在君主那里，它表现为千秋功业，在仁人志士那里，它则表现为受命于危难之际，慷然承担安定国家、社会的重任："可以托六尺之孤，可以寄百里之命，临大节而不可

---

① 《孟子·离娄下》。

② 《孟子·滕文公下》。

夺也。君子人与？君子人也。"①如此等等。外王的形式尽管多样，却有其共同之点，即都以社会理想的实现为主体的使命，并自觉地致力于这种历史过程。孟子将贤与能区分开来，以内在德性为人格的主要特征，而抽去了其"能"的规定，不免使外王的要求很难落实。

从儒学的演变看，孔子既注重人格的内在德性，又肯定其外王功能，换言之，内圣与外王在孔子那里处于原始的统一之中。相对而言，孟子着重突出了内圣这一面，而外王的规定则更多地展开于荀子。按荀子的看法，人格不仅仅是封闭的"我"，内在的德性应当通过外在的展现来确证自身，而这种外在展现不仅仅表现在个体之间的交往，更体现于广义的经世致用过程。同样，完美人格的社会价值并不限于通过身体力行道德理想而起教化、感染作用，毋宁说，它首先在于自觉地担负并完成广义的社会历史使命。如果身处君主之位，就应当协调千百万人的意志，使之同心同德，并让一般民众都能安居乐业；如果是普通的"士"，那就应配合执政者管理好朝政。总之，理想的人格并非仅仅以反身内修、仁德敦厚见长，它的本质特征即展现于安邦济世、治国平天下的政治实践之中。这些看法，可以视为孔子外王思想的发挥。当然，在孔子那里，外王更多地偏向于社会理想的实现，在荀子那里，外王则获得了更广的含义：它同时指向了天（自然）与人的关系。按荀子的看法，人并非仅仅是自然的消极适应者，而是具有"制天命而用之"的能力，理想人格的外王功能便同时体现于这一过程。真正的"大人"（完美的人格）应当能经纬天地，亦即作用于自然，并使之为人所用。

荀子的以上看法对人格的内向化趋向无疑有所纠偏，但相对而言，荀子对人格内在德性的力量似乎注意不够。在他看来，一个人只

---

① 《论语·泰伯》。

要奉公守法,履行应负的社会责任,便可以成为"笃厚君子",这种理解对人格的丰富精神内涵不免有所忽视。如果说,荀子由强调理想人格的外在价值而多少弱化了其内在力量,那么孟子则在抑制外王规定的同时,较多地注意到人格境界的内在价值。二者各有所偏,亦各有所见,并分别对尔后的中国文化产生了不同影响。

第十章
性善说与成人之道

理想人格作为道德理想的体现,构成了人生的精神境界。如何才能达到这种理想之境? 这一问题所涉及的就是所谓成人之道,后者同时可以看作是人格学说的具体展开。在儒家那里,理想人格的培养总是与人性问题联系在一起的,对人性的不同看法,往往导致对成人之道的不同理解,而人性问题之所以一再受到关注,正在于它构成了成人(达到理想人格)的出发点。

一、从性相近到性本善: 提升人格

境界的内在根据在人性问题上,孟子曾与告子展开辩论。告子是孟子同时代的人,他认为,人的本性既无所谓善,也无所谓不善,亦即"性无善无不善"。与之相对,孟子则认为人之性先天本善,二人曾唇枪舌剑,彼此激烈驳难。告子将性比作湍急的水流,认为如果堤岸从东方决了口,水便流向东方,在西面决了口,水便流向西面,就是说,水之流到哪个方向并非预先规定,而完全依据外部条件;同样,人性也没有善与不善的定向。孟子反驳说,水诚然没有向东或向西的定向,却有向上或向下的定向。人性的本善,就好像水总是向下一样;水没有不向下的,人也没有不向善的。当然,拍击水流使它溅起来,可以使之超过人的额角,使用水戽,可以把它引上高山,但这并不是水的本性,而是外力使之如此。同样,人之所以变得不合道德,也并非出于其本性,而是外力影响的结果。①孟子认为人性本善,这当然是一种先验论的偏见,但他的论辩显得相当机智。从理论上看,告子强调人性无善亦无不善,即作为本然状态的人性并没有善的道德内容,这无疑是对先验论的拒斥,但他的论证却似乎不很圆熟,留下了无可讳言的理论漏洞,孟子正是抓住了其以水喻性的缺陷,反过来使之为自己的命题(人性本善)作论证。孟子之善辩,由此亦可见一斑。

对性善的预设,孟子作了多方面的论证。他举例说,如果突然看到一个小孩快要掉到井里去了,任何人都会产生一种惊骇同情之心,这种心情的产生,并非为了取悦于小孩的父母,也不是为了得到邻里朋友的称赞,更不是因为讨厌小孩的哭声,而是完全出于人的本性。如果缺乏这种同情恻隐之心,那就根本不能算一个人。②孟子认为作为社会存在的人应当具有起码的道德意识,这当然并非毫无所见,但他以目睹小孩处于险境而自然产生的同情之心来论证人性本善,则

---

① 参见《孟子·告子上》。
② 参见《孟子·公孙丑上》。

是似是而非的。事实上,孟子所说的恻隐之心,已非纯粹的自然本性,作为一种渗入了道德意识的情感,恻隐之心乃是在长期的社会教化影响下形成的,这种影响在沉淀、内化之后,便习惯成自然,亦即取得了某种"自然"的形式。如果离开后天的社会作用过程,这种情感显然不可能形成。孟子将恻隐之心(同情之心)视为先天的道德意识,似乎忽视了这一点。

孟子对性善的另一论证诉诸人的感性欲求的相近性。按孟子的看法,口对于味道,有共同的嗜好;耳对于声音,有相同的听觉;眼睛对于外貌,会产生一致的美感;同样,心也有相近之处。使心彼此相近的,便是理和义;心之倾向于理、义,就好像口之喜欢尝牛肉、羊肉和猪肉一样。① 既然人之心先天地倾向于理、义,那就表明人性本善。孟子的这种论证在理论上同样很成问题。首先,作为一种功能,口之知味、耳之听声等,基本上是一种生理(自然)的属性,而心(理性)之接受理、义,则是一种社会的认识过程,二者在逻辑上不是一个序列,因此,从前者不能推出后者。其次,即使就口之于味、耳之于声等而言,也并非先天地就有共同嗜好,不同地区、不同民族、不同环境中的人,在饮食、音乐等方面,其爱好往往有很大的差异,远非完全雷同,而这种差异又是在后天的社会历史过程中形成的。感性欲求、审美情趣上尚且如此,至于道德意识上的差异就更大了。这种事实表明,孟子关于凡人都有相同的本善之性的预设,是很难成立的。

不过,尽管性善的预设本身是一种先验的观念,但如果将其与整个成人(达到理想的人格)学说联系起来,则仍有其值得注意之处。前文已经提及,在孟子那里,人性理论是其人格学说的一个方面,就成人(达到理想人格)的过程而言,性善的意义首先在于为达到理想的人格境界

---

① 参见《孟子·告子上》。

提供了可能。从孟子对性善内涵的具体解释中,我们便不难看到这一点。恻隐之心等是本善之性,而这种本善之性又构成了仁、义、礼、智的开端:"恻隐之心,仁之端也;羞恶之心,义之端也;辞让之心,礼之端也;是非之心,智之端也。"①仁、义、礼、智是理想人格的基本规定,而在孟子看来,这种规定一开始便以萌芽的形式存在于每一主体之中,并构成了主体自我实现的内在根据与出发点;向理想境界的迈进过程,无非是这种先天潜能的展开过程。孟子将先天善端与人格发展的关系比作源泉与水流的关系,泉水从源中滚滚流出,昼夜不停,注满洼地,又继续向前奔流,直向大海,之所以能如此奔流不息,是因为它有来源;同样,先天的善端也为人格的发展提供了不竭之源。

在孟子以前,孔子提出了"性相近,习相远"之说。所谓"性相近",是指每一个人都有相近的本质(性),因而都具有达到理想人格的可能;所谓"习相远",则强调人究竟能不能达到理想人格,最终取决于人的不同习行。正是从前一论点出发,孔子主张"据于德,依于仁",亦即以主体固有的仁德为成人的根据。孟子将先天善端视为人的潜能,可以看作是对孔子"性相近"之说的发挥。当然,孔子对相近之性的内涵并未作更多的解说,孟子则把"性相近"引申为性本善,并对本善之性及其功能作了较为具体的阐释,从而使成人过程与内在根据的关系得到了进一步的揭示。

理想人格的培养在某种意义上可以看作是自我的实现:它的目标在于使本然的我成为理想的我,而这一过程往往表现为主体已有潜能的展开过程。人的本性在某种意义上表现为人的需要。② 根据

---

① 《孟子·公孙丑上》。

② 马克思曾指出,"在现实世界中,个人有许多需要","他们的需要即他们的本性"。(《马克思恩格斯全集》第 3 卷,人民出版社,1960 年,第 326 页、514 页。)

现代人本主义心理学的研究,人除了基本的生理需要之外,还具有相互尊重、合群等高层次的需要。在追求理想精神境界的过程中,以需要的形式表现出来的人性,构成了一种内在的出发点或根据。当然,这种出发点或根据并不是凝固不变的,当它与内化的普遍规范、原则等相融合以后,又可以不断地提升为一种新的根据,并相应地为成人过程提供一个新的出发点。如果完全离开主体的内在根据,那么人格的培养便会或多或少带有异己的性质,从而很难使道德理想在主体之中得到真正的实现。孟子以善端为走向理想人格的源泉,似乎已注意到这一点。

肯定成人过程不能离开内在根据,意味着人格的塑造并不仅仅是一个外在灌输的过程。孔子已指出了这一点,他将"知及之"与"仁守之"作了区分。所谓"知及之",即是通过理性的教育等形式,使主体对普遍的道德理想或道德要求有所了解,但仅仅有所了解,并不表明主体已自觉地接受了这种理想,只有进一步将理性所把握的普遍规范化为主体的内在德性,并加以保持,才能使人格结构具有稳定性;所谓"仁守之",便是在认识与理解的基础上,使外在的道德要求成为主体的内在品格。人格的塑造固然离不开外在教育(启发主体了解普遍的道德规范及道德理想),但这一过程不能仅仅理解为单纯的输入,毋宁说,它更是一个接受的过程。与输入主要表现为外部社会对主体的灌注不同,接受是一个主体本身的内在要求及潜能与外部影响交互作用的过程,正是通过接受的方式,社会的理想才融合主体意识,并转化为人格的内在要素。孔子在肯定"知及之"的同时又要求"仁守之",多少已注意到理性的教育要与主体的接受相结合。

孔子的思想在孟子那里得到了进一步的展开。按孟子的看法,作为一个以先天善端为本(根据)的过程,理想人格的塑造不应当理解为一种外在的强制性灌输,其更多地表现为对内在本性的顺导。在与告子的辩论中,孟子对此作了阐述。告子认为,人性好比杞柳树,义理就如杯盘,使无善无不善的人性具有义理等内容就如同用杞柳树做杯盘。孟子反驳说,你是顺着杞柳树的本性来制成杯盘,还是毁伤其本性来制成杯盘? 如果你是破坏杞柳树的本性来做成杯盘,那么你不是同样要毁伤人的本性使之合乎仁义吗? 如果接受你的学说,必然会使天下的人都去损害仁义。① 告子将人性比作杞柳,主要是强调仁义等品格的形成依赖于后天的加工造就,孟子把后天的加工过程简单地等同于毁伤人的本性,这当然并不很确切,因为告子所侧重的后天作用,与违背人的本性并无直接的逻辑联系。就此而言,孟子对告子的批评,似乎并没有真正抓住论敌的本意而多少带有借题发挥的意味。

不过,值得注意的是,孟子从性善论的前提出发,强调人格的培养不应当是一个否定内在本性的过程。一般说来,道德涵养固然要经过一个个体社会化的过程(亦即使个体掌握、接受社会的普遍规范),而这一过程通常与改造本然之性相联系,但它并非仅表现为对内在本性的强制。人生来固然并不具有现存的道德意识,却具有向善的方向发展的潜能,如果完全无视人的内在潜能,片面突出外在强制,那么人格的培养过程便会导致对人性的扭曲,从而很难达到健全的境界。孟子把善端视为先天的道德意识,固然表现了先验论的倾向,他对告子的批评也掺杂着某种偏见,但他反对把人格的培养理解为外在的强制,并肯定接受教化的过程离不开内在的根据,则有其合理之处。

形成完善的人格,意味着从本然的我走向理想的我,因而它总是

---

① 参见《孟子·告子上》。

涉及本然的我与理想的我之间的关系。与人格的培养必须以主体的潜能为内在根据相应,走向理想之我的过程,并不仅仅是对本然之我的否定,它同时表现为自我本身潜能的展开过程。换言之,在本然的我与理想的我之间总是存在着一种连续性。孔子已经注意到了这一点,孟子则对此作了更多的发挥。如前所述,按照性善理论,成人过程乃是以先天善端为出发点,自我从本然的存在到理想境界的发展,同时便是内在善端的展开,这样,在本然的我与理想的我之间,并不存在紧张或对抗:人格的培养过程是自我的实现,而不是自我的否定。这种观念与西方基督教的观念有着明显的差异。按照基督教教义,人类的祖先(亚当和夏娃)由于偷食禁果而犯下了原罪,这种原罪以后又影响到他们的后代:它使每一个人来到世间时,总是带着一身罪孽。于是,自我一开始便是一种有罪的存在,他要获得拯救,便必须否定本然的我(带有原罪的我)。耶稣曾对信徒这样说:"如果有人想跟随我,就让他先否定他自己。"①在这里,本然的我(原罪的我)与理想的我(被救赎的我)表现为一种不相容的关系。这种观念既意味着对人的生命价值的轻视,又蕴含着追求彼岸世界的超越趋向。相形之下,孟子在性善说的基础上将人格的培养理解为自我的完成(自我潜能的实现),无疑更多地肯定了主体的存在价值及现实人生的意义。

从先秦儒学的演变来看,孟子以性善论作为成人之道的逻辑起点,大致代表了孔子以后儒学发展的一种路向。与孟子将孔子的"性相近"引申为性本善不同,后来的荀子着重将"性相近"引申为性本恶,从而对人格培养的过程作了不同于孟子的理解。按照荀子的看

---

① 〔英〕詹姆士·里德:《基督的人生观》,蒋庆译,生活·读书·新知三联书店,1989 年,第 69 页。

法,自我的本然形态(原始形态)并不具有善的品格,相反,它一开始便被赋予了恶的本性。在《性恶》中,荀子开宗明义便指出:人之性本恶,善的德性是后天作用的结果。荀子对此作了如下具体的论证:人生来就有爱财求利的本能,顺着这种本性,必然彼此之间会发生争夺,而不会有谦让的品格;人生而有妒嫉的趋向,顺着这种本性,便会残害他人,不讲忠信;人生来亦有爱好声色的本能,顺着这种本性,就会出现淫乱的现象,而无礼义可言。以上情况表明:人性是恶的。正是这种恶的禀赋,使本然的我与理想的我一开始就处于一种紧张、对立的关系之中,换言之,本然的我并没有为走向理想的我(理想人格)提供内在根据。可以看出,在走向理想人格的出发点上,荀子所表现的,是一种完全不同于孟子的思路。

如何化解本然的我与理想的我之间的对立与紧张?荀子提出了"化性起伪"之说。在荀子看来,尧、禹等圣人之所以高于一般人,即在于他们"能化性,能起伪"[1]。所谓化性起伪,也就是通过后天的自觉努力,以改造本恶之性,使之合乎礼义。这里的"伪"即人为,包括外在的社会影响与个体自身的作用,而礼义则构成了理想人格的基本内涵。就其以恶为人的先天本性而言,荀子似乎并没有完全摆脱先验论,但就其以化性起伪作为内在德性(品格)形成的前提而言,则表现出扬弃先验论的倾向,后者对孟子的性善预设,无疑有纠偏的意义。

从化性起伪的观点出发,荀子确信凡人都能成为圣人,他以如下名言十分概括地反映了这一思路:"涂之人可以为禹。"[2]依此,则任何人都可以达到像禹那样的圣人之境。从结论上看,荀子这一观点与

---

[1] 《荀子·性恶》。
[2] 《荀子·性恶》。

孟子"人皆可以为尧舜"之说无疑有相近之处,但二者的前提截然相异。如前所述,按孟子的看法,人之所以能成圣,主要在于凡人皆有先天的善端,正是这种善端,为成圣提供了普遍的根据。与孟子相对,荀子认为人之性本恶,因而成圣之所以可能,并不取决于先天的禀赋,而主要在于后天的社会影响与个体的道德实践。涂之人固然都可以成圣,但真正实现这一目标,则离不开积累的过程。在这里,先天的根据完全让位于后天的具体努力。

荀子突出了孟子相对忽视的方面,固然有其不可低估的理论意义,但在强调成人(人格培养)的外在条件和后天作用的同时,荀子对成人过程的内在根据显然注意不够。从性恶的基本理论预设出发,荀子认为主体缺乏达到理想人格的内在根据,因为本恶之性不可能成为成人过程的出发点,荀子由此强化社会环境及主体实践的作用,无疑体现了一种宽广的历史视野。然而,离开了人格培养的内在根据而突出社会对个体的塑造,往往容易把成人过程理解为外在的灌输,并使这种过程带有强制的性质。事实上,在荀子那里,社会对个体的塑造,往往被理解为"反于性而悖于情"[1],"反于性"意味着违逆人的本性,"悖于情"则蕴含着对人的真情的扭曲。而这一过程同时与严刑峻法联系在一起,所谓"化性起伪",往往借助法和刑的手段,用荀子的话来说,也就是"起法正以治之,重刑罚以禁之"[2],亦即通过法和刑来整治本恶之性(化性)。毋庸讳言,在法和刑等强制作用下形成的人格,很难获得健全的形式。荀子在人格学说上的这种倾向,在某种意义上从反面提示了孟子注重人格培养之内在根据的理论价值。

---

① 《荀子·性恶》。
② 《荀子·性恶》。

二、成人过程与复性：回归内圣之境

孟子以善端为成人过程的起点，其侧重之点首先集中于主体所具有的先天可能。不过，这并不意味着完全排斥后天的涵养过程。孟子曾把善端比作五谷的种子，认为种子虽具体而微地具备了成为五谷的可能，但仍要经过一个发育、成熟的过程；如果不经过成熟的过程，则还不如莠、稗等杂草。同样，先天的善端也有待于进一步的培育。这一点，孔子已有所涉及。在肯定"性相近"的同时，孔子又强调"习相远"，后者已暗示，尽管有相近之性为达到理想的人格境界提供了可能，但究竟能否实现这种可能，则取决于后天不同的习行。孔子曾以绘画为例，对此作了言简意赅的解说："绘事后素。"①意即绘画一方面需要白的底色，另一方面又要以五彩（不同的颜色）加以勾勒；无素白之底色固然难以成画，不描之以五彩，也无法完成一幅画卷。同样的道理，人格的塑造既要以内在的潜能为根据，又离不开文饰、培养的过程。孔子很注重环境、教育的作用。他曾说："里仁为美。择不处仁，焉得知？"②意思是，居住之处要有仁厚的风俗，如果不挑选有仁厚之俗的地方去安家，那就是不明智的。这里体现的正是对环境的注重。除了环境，广义的"习"还包括主体的践履（行）。在与弟子的对话中，孔子便反复地提到行，诸如"敏于行"，"行有余力，则以学文"③，等等。总之，对孔子来说，以环境的制约与主体实践为内容的具体习行，为内在潜能（相近之性）的展开提供了必不可少的条件。

---

① 《论语·八佾》。
② 《论语·里仁》。
③ 《论语·里仁》《论语·学而》。

与孔子一样,孟子对人格培养与环境的关系也予以较多的关注。人诚然都有善端,亦即都有走向理想人格的可能,但如果缺乏合适的环境,这种潜能也往往会受到抑制。孟子举例说,靠近都市的山上,本来树木也很茂盛,但人们老是用斧子去砍伐,树木便渐渐稀疏了,虽然也有新枝抽出来,但紧跟着又放羊牧牛,新枝被吃掉,于是山变得光秃秃的了。人们见到这山的样子,便以为它不曾有过树,其实山的本性并非如此。[①] 人也是这样,年成好的时候,因为丰衣足食,少年一辈的人往往容易懒惰。逢到灾荒,衣食发生了问题,年轻人则常常容易铤而走险,变得狂暴。这显然并不是因为他们天性就不好,而是环境作用的结果。孟子到齐国,远远望见齐王的儿子,不由得感叹道:"居移气,养移体,大哉居乎!"[②]意思是,环境能影响一个人的气质,也能影响一个人的仪态,环境的作用确实重要! 孟子对这一现象作了如下解释:齐王之子住的房间、用的车马、穿的衣服等,与常人的差别并不很大,但其行容举止自有一种气质,而不同于一般人,这是为什么呢? 就是因为他从小生活在宫廷之中,其周围环境不同于常人。可以看出,孟子对环境作用的认识,确实较孔子更为具体了。

社会的影响主要是个体之外的因素,除了环境的作用,成人过程还与个体自身的作用相联系,后者首先表现为一个理性自觉的过程。孟子曾对"行仁义"和"由仁义行"作了区分:所谓"行仁义",是指行为自发地合乎仁义等规范,此时主体还处于自在的阶段;"由仁义行",则是自觉地遵循仁义规范,此时主体已成为自为的存在;前者与自我的本然形态相应,后者则已提升为理想的我。而从"行仁义"的自在存在(本然的我)到"由仁义行"的自为存在(理想的我)之转化,

---

① 参见《孟子·告子上》。
② 《孟子·尽心上》。

便是通过理性化的过程而实现的。这种理性化的过程包括两个方面,即"明于庶物"和"察于人伦":"明于庶物"是认识对象,"察于人伦"则是把握人际关系。在这里,理性的升华既表现为内在潜能展开的前提,又构成了潜能展开过程的具体内容。

孟子曾把浩然之气引入理想人格之中,与人格的这一重规定相应,孟子提出了"养气"之说。所谓养气,也就是培养坚毅刚韧的意志节操。在孟子看来,主体要卓然挺立,并承担起一定的社会责任,便必须经过一个苦其心志的过程:"故天将降大任于是人也,必先苦其心志,劳其筋骨,饿其体肤,空乏其身,行拂乱其所为,所以动心忍性,曾益其所不能。"①"天将降大任"的提法当然带有某种神秘的形式,但在这种神秘形式下,蕴含着十分具体的内容:所谓苦其心志,劳其筋骨,饿其体肤,空乏其身,实际上可以视为意志磨炼的不同形式。理想的人格不是离群索居的孤立个体,他总是生活于社会之中,并有其相应的社会义务,完成自我(自我的实现)与完成社会义务本质上是统一的,而要达到如上双重目标,便离不开意志的磨炼。孟子的这一看法注意到了坚强的意志品格并非与生俱来,唯有通过逆境的洗礼、艰苦的锤炼,才能形成刚毅的人格。

孟子对成人过程具体环节的理解,大致上承了孔子所奠定的儒学思路。孔子的学生子路曾问孔子:如何才能达到完善的人格?孔子对此作了如下回答:"若臧武仲之知,公绰之不欲,卞庄子之勇,冉求之艺,文之以礼乐,亦可以为成人矣。"②臧武仲是鲁国大夫,为人机智而善于应变;公绰即孟公绰,也是鲁国大夫,有贤德之名;卞庄是鲁国的侠武之士,以勇猛闻名;冉求是孔子的门生,多才多艺。按孔子

---

① 《孟子·告子下》。
② 《论语·宪问》。

的看法,走向理想人格的过程,总是包括知、勇、艺等环节。所谓"知",是指通过认识活动以发展人的理性能力,从内容上看,孔子所理解的知,主要是对社会人伦的把握,也就是所谓"知人",在体察人伦及反省自我的过程中,主体便逐渐形成了自觉的理性品格。"勇"则与"笃志"相联系,构成了意志的属性。孟子要求通过"明于人伦"及"苦其心志"而走向完美的人格境界,无疑与孔子的如上思想一脉相承。

不过,除了"博学"与"笃志",孔子还十分注重"艺"和"乐"在成人过程中的作用。"艺"的含义本来较广,但它与"乐"相联系,则似乎更多地涉及一般的艺术审美活动,所谓"文之以礼乐",便含有通过审美活动来陶冶人的情操之意。孔子很注重审美活动的这种作用,他曾以诗为例,说:"诗,可以兴,可以观,可以群,可以怨。"①兴是主体精神(包括情感)有所感奋而得到升华;观是了解诗人之志,并由此而与之产生某种共鸣;群,按孔安国的解释,也就是"群居相切磋",就是说,审美活动同时也是一个群体之中交流思想情感的过程;怨是通过情感的渲导而保持心理的平衡,从而达到健全的心态。在这里,孔子通过诗的欣赏,对审美活动在人格培养中的功能作了具体的阐述:通过精神的感奋,情感的共鸣、沟通、渲导,人便能提升到一种较高的人格境界。孔子本人曾听韶乐(传说中舜那个时代的音乐)而"三月不知肉味",不知肉味,便是指音乐的美感使人的自然情绪得到净化,并使精神得到了超越。相对而言,孟子似乎着重强调了人格培养过程中理性化这一面,而对艺术审美活动在人格培养中的作用则未作更多的阐释,这一思维趋向,可以看作是其理性主义原则在人格学说中的展开。

较之孟子,荀子较多地承继了孔子注重艺术审美活动对人心的

---

① 《论语·阳货》。

陶冶作用这一思路,并作了进一步的发挥。荀子对音乐的作用尤为重视,其考察亦更为深入。按荀子的看法,在化性起伪的过程中,音乐构成了一个重要的方面:"夫声乐之入人也深,其化人也速。"①相对于其他艺术形式(例如造型艺术),音乐更能展示主体的心路历程,并更容易激起心灵的震荡和共鸣,而在内心的深沉感染中,主体的精神往往可以得到一种洗礼和净化。从更广的视域看,音乐甚至有移风易俗的意义:"乐者,圣人之所乐也,而可以善民心,其感人深,其移风易俗。"②所谓移风易俗,也就是改变一定的社会文化氛围,后者反过来将进一步影响个体的内心世界。

音乐作为一种艺术形式,表现了在时间中展开的动态和谐。有鉴于此,荀子又将乐的功能概括为"合同",并将其与礼加以区别,以为礼的作用在于"别异"。礼作为一种政治制度,其作用在于将人区分为不同的等级,并规定每一等级的各种名分;而乐作为一种艺术形式,其特点则在于超越政治上的等级界限而使不同的社会成员之间彼此在情感上相互沟通,从而达到社会的和亲和敬。荀子从不同的方面说明了这一点:在宗庙之中,君臣上下共同听到庄重的音乐,便能彼此相敬;家庭之中,父子兄弟共同欣赏音乐,便能彼此相亲;在同一乡同一族中,长辈与晚辈同听音乐,便能彼此和睦相处。③ 在这里,音乐被赋予一种道德上的凝聚力:相敬、相亲、和睦等,便是道德凝聚的不同形式。从人格培养的角度看,荀子的如上观点已注意到音乐作为促进情感沟通与融合的艺术形式,对于克服自我的封闭心态,培养开放、健全的人格具有潜移默化的作用。就儒家人格学说的演进

---

① 《荀子·乐论》。
② 《荀子·乐论》。
③ 参见《荀子·乐论》。

而言,荀子的看法对孟子的人格理论无疑具有扩展的意义。

如果由此作进一步的考察,便可以注意到,孟子与荀子在如何达到理想人格问题上的差异,不仅仅在于对艺术审美活动作用的不同看法,从更深的层面看,它同时表现在对成人过程的理解。按照荀子的观点,达到理想也就是改造本恶之性,使之合乎普遍的道德理想,它决定了走向理想人格不能归结为向出发点的回复,而是新的人格要素形成的过程,所谓"长迁而不反其初"①便强调了这一点。与之相对,孟子尽管肯定了后天的理性自觉、意志磨炼等环节对达到理想人格的意义,但在他看来,这些因素仅仅是先天善端借以展开的条件,其作用无非是"扩而充之",并没有为人格注入新的内容。同样,环境的影响固然不可忽视,但这种影响主要表现为促进或阻止内在善端的展开,其关系一如气候、土地之于麦种。正如土地、气候等仅仅是麦种生长的条件,而并没有为麦种增加新的质一样,环境的影响也并未导致内在根据的转变。这样,在孟子那里,成人的过程便带有某种封闭的性质:理想的人格始终不超出先天的善端。正是在此意义上,孟子将走向理想人格境界的过程概括为"求其放心"②。所谓求其放心,也就是从先天善端出发而又返归本善之性,它与后来荀子所强调的"长迁而不反其初",确实构成了儒学衍化的两种路向。

要而言之,相对于前此的孔子及尔后的荀子,孟子对成人过程内在根据的考察显然有其独特之点,孟子在性善说基础上所作的如上考察,无疑构成了儒学衍进不可忽视的环节。但由突出成人过程的内在根据,孟子开始在某种程度上导向了复性说,并相应地强化了儒学的内圣路向。

---

① 《荀子·不苟》。
② 《孟子·告子上》。

第十一章
历史中的孟子

一、从 儒 到 圣

　　孟子身后,历史经历了一个曲折演进的过程,孟子
的命运也几经沉浮。孟子在世时,通过周游各国,四处
游说,其声望在诸侯王公之中逐渐提高,而与战国各家
的论争,又因其雄辩而一再占上风,儒学亦由此得到了
某种振兴。在战国中后期,孟子一系的儒学已成为一
个颇有影响的学派。荀子作《非十二子》,对当时具有
代表性的各家学说作了批评,这十二家中便有孟子,由
此亦可见孟子开创的学派在战国后期仍余波未息。然
而,秦始皇焚书坑儒,亦祸及孟子学派。按后来赵岐的
追述,经过此灾,"孟子徒党尽矣"。秦始皇以儒家为
主要打击目标,作为儒学的正传,孟子一系不免首当其

冲,所受打击也格外大。

秦亡之后,对儒学的取缔随之终结。汉初较重视文化建设及意识形态的领域。汉文帝时,设置博士七十人,《孟子》与《尔雅》等,均置博士。[①] 从一般诸子到立于学官,其地位无疑有了很大提高。著作与人往往是命运与共的,著作的提升,同时意味着对作者的重视。但是,好景不长,到汉武帝时,专治《孟子》的博士便被取消,孟子之学也相应地失去了官学的地位。不过,在汉代,尽管列为官学的时间并不很长,但民间研究者却不乏其人。后汉时期,研究孟子者大致有如下几家:

一是程曾。程氏最初研究《春秋》,达十余年之久,后又招门生讲授《春秋》,向他问学的有数百人之多。程曾学说渊博,涉猎甚广,著作亦颇丰,其中一部重要的著作便是《孟子章句》。此书是《孟子》的最早注释本之一,程曾在治五经的同时,又注《孟子》,多少使《孟子》一书获得了返乎经的地位。不过,程曾的《孟子章句》未能留传下来,到隋朝时,已成逸书,《隋书·经籍志》亦未载。

二是赵岐。赵氏少时便显出超越常人的才华,对儒家经典研习甚深。虽与著名经学家马融联姻(娶马融之侄女),但马融是当时豪门巨室,赵岐为人清高,并不与之交往。三十岁生过一场大病,卧床七年,赵岐自忖不久于世,连遗嘱也已拟好,后来却奇迹般地恢复了健康。汉末,因曹操的推荐,曾做过太常。赵岐虽数次出仕,但仕途颇多坎坷,其较多的精力仍放在治经之上,对《孟子》一书用力尤多,曾作《孟子章句》,在当时颇有影响。此书之作,很有些传奇性。宦官

① 参见《孟子题辞》。此事《汉书》未载。有的学者(如周予同)据此对《孟子》在汉时置博士一事提出怀疑,但《孟子题辞》的作者赵岐是汉代人,其记载似并非没有根据。

唐衡之兄唐玹因其弟的关系,当上了京兆虎牙都尉,赵岐看不惯,多次加以讥评。后唐玹升为京兆尹,赵岐怕他报复,便隐姓埋名,远避他乡,以卖饼为生。后来一个叫孙嵩的人,见赵岐非寻常之辈,便把他请到自己家中,将其藏于密室中,正是在隐居密室的三年中,赵岐完成了《孟子》一书的注解。因此,赵岐的《孟子章句》乃是困厄中所作,其注文现在基本上保存下来。

三是高诱。高亦为汉末学者,做过小官,但其成就主要体现在学术上。高诱曾为《淮南子》《孝经》等作注,同时又作《孟子章句》。在《吕氏春秋序》中,高诱曾提到作《孟子章句》一事,宋代熙时注《孟子》时,亦曾引用高诱的孟子注。不过,高诱的《孟子章句》现在已不存。

四是刘熙。刘氏生活于东汉末年,曾任安南太守,并作《孟子注》七卷。隋代时,此书尚存,《隋书·经籍志》亦录其书名。但后已佚,其散见的一些片段,为马国翰所辑录。

五是郑玄。郑为汉末著名经学家,曾师事马融。当时,马融已名声很大,有门徒四百余人,其中只有五十人有资格亲聆马融授经。郑玄在其门下,三年未能直接听马融讲学,但郑玄为人勤奋,日夜攻读,终于得到马的赏识。郑玄学成辞别后,马融曾对人说:"郑生东去,吾道东矣。"意思是,他的学术思想将通过郑玄而传到东方。郑玄在经学上造诣极深,学问相当渊博,曾为《周易》《尚书》《毛诗》《仪礼》《礼记》《论语》《孝经》等书作注,对《孟子》亦很重视,曾注《孟子》七卷,隋朝时,还可以见到此书,《隋书·经籍志》曾载其书名,但现已成佚书。

以上情况表现,在西汉时期,孟子其人和《孟子》其书已逐渐为人所重,特别值得注意的是,在研究孟子的各家中,还有像郑玄那样的一代经学大师。众多注本的出现,使孟子开始获得高于一般诸子的地位。汉代各家之注孟子,并不仅仅是一种文字上的解释,而且包含对其义理的推崇和弘扬。从现存赵岐《孟子题辞》中,我们便不难看到这一点。对孟子其人与《孟子》其书,赵岐作了如下的评价:孟子"著书七篇,二百六十一章,三万四千六百八十五字。包罗天地,揆叙万类,仁义道德,性命祸福,粲然靡所不载。帝王公侯遵之,则可以致隆平,颂清庙。卿大夫、士蹈之,则可以尊君父,立忠信。守志厉操者仪之,则可以崇高节,抗浮云。有风人之托物,二雅之正言,可谓直而不倨,曲而不屈,命世亚圣之大才者也"。就是说,《孟子》一书涵盖了天地万物,从自然现象到社会人伦,从仁义规范到个人命运,无不作了理论上的定位。按孟子的学说去做,就可以使天下安定,君臣父子等社会秩序得到维护,而人们的道德风尚亦可以由此得到提高(崇高节,抗浮云)。在这里,《孟子》这部书几乎被提高到"经"的高度,而孟子本人亦获得了"亚圣"的殊荣。

不过,在整个西汉期间,"亚圣"之称号并没有获得官方的认可,还只是私淑者个人的推许。事实上,西汉期间,尊崇孟子者固然有之,批评与非议者亦不乏其人。董仲舒是汉代大儒,作为儒学的传人,其思想诚然受到孟子的某些影响,但同时对孟子思想有所异议,甚至提出了责难。如在人性问题上,孟子主张性善学说,董仲舒则认为,只有圣人之性才能当"善"之名,孟子性善之说是错误的:"孟子以为万民性皆能当之,过矣。"[1]在这里,孟子便成了批评的对象,而并没有被尊为不容非议的圣人。到东汉,王充作《论衡》,对孟子的批评更为激烈。《论衡》中有一篇,标题便是《刺孟》,其内容多系对孟子的抨击。文中既从逻辑上揭露孟子学说的不一致,又指责孟子"论不实事考验,信浮淫之语",即立论无事实根据,而相信荒诞的话,并认为,孟

---

[1]　董仲舒:《春秋繁露·实性》。

子与一般的俗儒并没有什么差别("与俗儒无殊")。这些事实从一个侧面表明,在儒学走向正统化的西汉,孟子的亚圣地位似乎还没有得到普遍的承认。

在一个相当长的时期内,孟子的地位与其说上接孔子,不如说并列于荀子。三国时代,曹魏之人为徐干《中论》作序,其中提到:"荀卿子、孟轲怀亚圣之才,著一家之法。"这里虽亦尊孟子为亚圣,却让孟子屈居荀子之后,较之汉末赵岐独崇孟子为亚圣,孟子的地位反而相对有所下降。从晋代到隋代,孟、荀并提的情况并没有完全改变,如晋代著名思想家傅玄曾指出:"孟轲、荀卿若在孔门,非唯游、夏而已,乃冉、闵之徒也。"①意思是,孟、荀如能立于孔门之下,将成为孔门高足,这种评价虽不无推崇之意,但孟子仍与荀子平分秋色,并没有获得特殊的地位。

至唐代,孟子的历史地位才开始真正有了某种转折。唐代宝应二年(762 年),礼部侍郎杨绾上疏,建议将《论语》《孝经》《孟子》合为一经,这标志着在一部分儒者那里,《孟子》已开始具有经典的意义。差不多一个世纪后,即唐懿宗咸通四年(863 年),进士皮日休又上疏请立《孟子》为学科,这也是对《孟子》经典地位的确认。大致说来,杨绾与皮日休主要致力从经学角度为孟子争得官方的正统地位。与之相呼应,唐代的著名思想家与文学家韩愈则从儒家道统出发,对孟子的地位作了进一步的提升。韩愈认为,儒家有一个源远流长的道统,它开始于尧、舜,经过禹、汤、文、武、周公,传到了孔子,孔子又将其传给了孟子,孟子死后,这一道统便中断了。后世的儒家虽不乏其人,但即使像荀子、扬雄这样的所谓大儒,也往往思想粗糙杂芜,含糊不清,难以与孟子相比,总之,孟子是一个醇而又醇的圣人。在这

---

① 参见马总:《意林》卷五。

里,孟子的地位得到了空前的升格,作为道统的正宗传人,他已跻身于圣人之列,而不再仅仅是一般的儒者。与之相应,孟荀并列的格局似乎也开始被打破。韩愈的道统说,当然有以儒学抗衡佛教之意,因为唐代佛教的盛行,已使儒学的正统地位受到了某种挑战,但将孟子视为圣人之道的最后一个传人,确实使孟子具有一种特殊的身份,这一观点对后来的宋明理学产生了极为重要的影响。

然而,无论是杨绾、皮日休,还是韩愈,他们对孟子的推崇,还只是一种个人的主张,这种主张在当时并没有取得官方形态。杨绾要求将《孟子》列为经,唐代宗并没有加以恩准,皮日休的上疏,同样亦未见有下文。至于韩愈的道统说,则更多地显示出思想史的意义,而没有转化为具体的政典条文。直到宋代,《孟子》才与《论语》一起正式并列于经,而孟子作为亚圣的地位,也比较稳固地得到了官方的确认。与孟子地位的官方化相应,二程、朱熹等理学家开始从思想理论上对孟子的思想加以阐发与表彰。朱熹在这方面用力尤多。朱熹将《孟子》与《论语》《中庸》《大学》并列,作四书集注,又撰《论孟精义》《四书或问》,对孟子思想作了系统的引申发挥。在此之前,北宋的王安石也对孟子予以格外的注重。王安石在熙宁四年(1071年)领导变法,科举考试的内容改革亦是变法的一个重要方面,而其改革措施之一,便是把《论语》《孟子》并为一经,定为考试科目。宋以后,《孟子》便作为经,被列为考试的重要内容,而朱熹的《四书章句集注》则是钦定的必读经典和标准答案。

当然,孟子被官方步步升格,并不意味着儒学已成为尊孟者的一统天下,事实上,王充以来的"刺孟"潜流并未中断,即使在《孟子》已升为经的宋代,批评非议者仍不乏其人。如冯休便不满于孟子的某些观点,对《孟子》一书加以删节;李觏作《常语》三卷,其中既有讥评孟子之语,又有对孟子的质疑;司马光则直截了当地作《疑孟》,对孟子的不少观点提出责难。《孟子·滕文公下》中曾提到齐国人陈仲子避开哥哥,离开母亲,不吃哥哥送的食物,不住哥哥之房,因为他以哥哥之财为不义。孟子批评陈仲子,认为这样做未免过分。司马光则不同意孟子的看法,以为孟子对陈仲子的责备,没有考察其具体情况。司马光最后的结论是:"孟子过之,何其甚与!"亦即孟子的批评太失之偏颇。不过,尽管批评者间或有之,但自宋以后,孟子在总体上不仅鸿运不衰,而且呈上升趋向。元代虽是外族入主中国,但对孟子同样尊崇有加,元文宗至顺元年(1330 年),孟子被追封为"邹国亚圣公",自此以后,"亚圣"便成为御赐的称号,除了"大成至圣文宣王"孔子之外,再也无人能居于孟子之上了。明清两代,对孟子的加封一直没有间断,孔孟并尊,已成为宋以后中国文化演进的基本格局。

孔孟并尊,诚然使孟子获得了亚圣的殊荣,但也使其命运与孔子紧密联系在一起:孔子走运,孟子固然同享殊荣,孔子背时,孟子也难以幸免。历史步入近代以后,随着思想启蒙的发展,对传统文化的反省批判逐渐成为一股引人注目的思潮,而作为传统文化象征的孔子也开始由膜拜的偶像成为抨击的对象。尽管尊孔的正剧在近代一再上演,但反孔思潮也每每涌流,而孟子则随之沉浮。五四以前,章太炎曾对孔子作了较为激烈的抨击,认为他至多是个史家,其所获声誉都名不副实("虚誉夺实")。在章太炎的心目中,孔子的德行也很成问题,因为他投机取巧、沽名钓誉,并善于玩弄权术,"孔子之权术,乃有过于老子者"[1]。在批评孔子的同时,章氏也兼及孟子,以为孟子较孔子又等而下之,在"知"与"德"两方面皆有欠缺。章氏还对孟子指斥墨子讲兼爱是"无父"深为不满,反讥孟子自己的学说观点是"末

---

[1] 章太炎:《诸子学略说》。

流"之言。[1] 章太炎对孔、孟的批评当然未必都很切当,他的有些话似乎太过火,几近人身攻击,但就其反对将孔孟作为束缚人的偶像而言,又有其历史的启蒙意义。

五四时期,进一步提出了"打倒孔家店"的口号,作为亚圣,孟子自然被视为儒学传统中的重要人物,其受到冲击在所难免。五四的排孔虽然直接指向孔子,但其更深层的抨击对象是传统的礼教,而孟子的思想是礼教的组成部分。因此,反孔的声浪虽然不一定每次都直接指向孟子,但孟子的思想常常被置于批判之列。毋庸讳言,启蒙的时代要求往往会使人们较多地注重历史人物及其思想的负面意义,相对地忽视其积极的理论意蕴,五四时期也不可避免地出现了这种偏向。然而,随着文化反思的深入,对历史人物的评价也需要逐渐走向具体化。当孟子既不被神化也不被丑化时,对他的科学定位才成为可能。

二、融入文化的长河

从儒家传人到亚圣,从子学到经学,这种衍化更多地适应了政治结构演进的历史需要,其意识形态的意义显得较为浓重。五四对孔孟的冲击,同样以社会政治的变革为其背景。作为儒学的重镇,孟子的历史影响当然不仅仅限于这一方面,就实质的意义而言,孟子在历史上留下的痕迹,更多地体现在文化思想之域。

从思想之维看,首先应当一提的是孟子对董仲舒的影响。尽管董仲舒没有专门注过《孟子》,对孟子的某些观点甚至还间有异议,但其思想的深层内涵却与孟子颇多关联。在天人关系上,孟子把孔子

---

[1] 参见章太炎:《訄书·儒墨》。

的仁道引申为仁政,并由此将原始儒家的人文主义原则展开于社会政治领域,使之获得了较为具体的规定。董仲舒同样上承了注重仁道原则的传统,主张"先之以博爱,教之以仁"[1],亦即以仁爱作为处理人与人之间关系及进行社会教化的基本原则。孟子曾提出:"诚者,天之道也;思诚者,人之道也。"[2]这里既有沟通天人之意,又表现出将天伦理化的趋向(赋予天以"诚"的道德属性)。这一思路在董仲舒那里得到了进一步的发展。按董仲舒的看法,天本身便是仁道的化身:"天,仁也。"[3]"天志仁,其道也义。"[4]在此,天与仁、义便合而为一。换言之,天成为一种伦理化的存在。这种与仁义为一的天,同时构成了作为社会规范的仁道原则之最高根据:人与人之间之所以要以仁相待,主要是出于天的要求。从孟子的以诚规定天,到董仲舒以天为仁,确实可以看到内在的理论联系。

孟子曾对经与权的关系作了考察,肯定对一般原则可以有所变通,并反对"执一"(拘守某种原则)。与之相承,董仲舒也对权变作了承诺,以为一般原则有其恒常的方面,也有其可变的方面,只有懂得这种区分,才能根据具体情况灵活应变("可与适权")。不过,董仲舒同时强调,权变虽然是必要的,但这种变通只能限于基本原则所许可的范围之内,而不能越其雷池:"夫权虽反经,亦必在可以然之域。"[5]不难看出,在经与权二者之间,经(原则的绝对性)总是处于主导的方面,根据情况而作调节权变,是不得已而为之。经的至上性,蕴含着以一元排斥多元的趋向。事实上,尽管董仲舒在建构其体系时表现

---

① 董仲舒:《春秋繁露·为人者天》。

② 《孟子·离娄上》。

③ 董仲舒:《春秋繁露·王道通三》。

④ 董仲舒:《春秋繁露·天地阴阳》。

⑤ 董仲舒:《春秋繁露·玉英》。

出一种兼容的精神,并多方面地吸取了各家的学说,但这种兼容乃是以儒学为本位,各家的观点最后被融入儒学之中,并以儒学为指归。后者的进一步发展,便是定于一尊。对董仲舒来说,诸子百家并无独立的价值,唯有儒学才有其自身的意义,正是基于这一点,董仲舒提出了"罢黜百家,独尊儒术"的主张,而其内在含义则是在儒家义理的基础上达到思想统一。董仲舒的以上思想固然折射了汉帝国走向大一统的历史需要,但同时亦有其理论上的源头,这种渊源便可以上溯到孟子。如前所述,孟子在肯定权变的同时强调"君子反经",并由此对杨、墨等诸子百家采取拒斥的态度,以维护"先王之道"。在某种意义上,董仲舒之"罢黜百家"便可以视为孟子"拒杨墨"的逻辑引申,而其"独尊儒术"则是孟子"闲先王之道"的进一步展开。

大一统的本位是整体,与整体相对的则是自我。在自我与整体的关系上,孟子首先确认"人人有贵于己者"①,亦即每一个体都有自身的内在价值,并要求通过"成己"(自我完成)以实现这种价值。群与己的关系,在董仲舒那里具体表现为人与我的关系。董仲舒对人与我的关系作了认真辨析,提出了"以仁安人,以义正我"②的主张。所谓"以仁安人",亦即以仁道的原则来对待他人,体现的是一种群体关怀;"以义正我",则指以义来规范、塑造自我,包含提升自我人格境界之意。就其注重自我的完善而言,董仲舒的思想与孟子显然有一致之处。当然,孟子在确认自我价值的同时,又对杨朱的"为我"说提出了批评,后者表现出对自我中心主义的超越。同样,董仲舒也反对"独身"。所谓独身,就是仅仅关注一己之利。董仲舒将"独身者"称为"一夫之人",以为这种人片面贵己,最后必然自取其亡。对一夫之

---

① 《孟子·告子上》。
② 董仲舒:《春秋繁露·仁义法》。

人(独身者)的批评,意味着不应当将自我变成封闭的个体。换言之,个体应由自我的认同走向群体的认同。这一思路无疑与孟子前后相承。

　　董仲舒要求以义正我,同时包含着对义的注重。在儒家那里,义常常与利相对,二者的关系即展开为义利之辩。如前所述,就总的价值趋向而言,孟子更注重义的规范作用。当梁惠王问他怎样利于他的国家时,孟子的回答便是:"王何必曰利?亦有仁义而已矣!"①以义为首要的指导原则,蕴含着明显的义务论倾向,当孟子强调"惟义所在"而不必计较行为结果时,便体现了这一点。孟子的如上思路在董仲舒那里取得了更为明确的形式,董氏用两句话对义利关系作了概述:"正其谊不谋其利,明其道不计其功。"②这一观点后来成为正统儒家关于义利关系的经典性表述,它包含两重含义:其一,道德上的当然之则(义)有其内在的价值(自身即目的),而并不以功利为基础;其二,道德判断(是否合乎义)无须以外在的结果(功)为根据。总起来,其基本的精神是以道德原则的维护,抑制外在的功利追求。董仲舒的这种看法同时带有某种动机论的性质,事实上,在《春秋繁露》一书中,董氏一再地对此加以申述。按董仲舒的看法:只要动机尚可,即使结果不好,也不便追究;反之,如果动机不端正(志邪),则即便没有造成实际的后果,也要加以惩处。在这里,道德上的善恶似乎仅仅与动机是否合乎义相关,而完全与现实的功利结果无关。这种观点,可以看作是孟子"惟义所在"之说的片面引申。

　　董仲舒对孟子思想的发挥,更多地表现为一种逻辑上的承继关系,董氏本人并未以孟子的后学自居。与之相异,唐代的韩愈则自觉

①　《孟子·梁惠王上》。
②　班固:《汉书·董仲舒传》。

地以上接孟子的传统为自己的使命,不过,韩愈在思想上的建树并不很多,其历史意义更直接地表现在突出孟子在儒家道统中的地位。从理论上对孟子思想作较系统发挥的,是宋明理学。前文已提及,理学的重要人物,如二程、朱熹以及陆九渊、王阳明等,对孟子都极为推崇。朱熹在以毕生精力加以注释引申的四书中,便包括《孟子》。就其明确表示对孟子的尊信而言,理学家的态度颇近于韩愈,但其阐发的深度与广度则远过于韩愈。

注重仁道原则,是理学家的共同特点。张载曾对此作了引申,并提出"民吾同胞,物吾与也"①的观点,其意为天下之人都是我的同胞,天下之物都是我的同类。张载的这一思想一再为其他的理学家所肯定,从而在某种意义上代表了理学家的共同看法。从其内涵看,它既是原始儒学仁道原则的展开,又超越了亲缘关系之域而具有更为普遍的意义。这里固然表现出对墨家兼爱观念的某种吸纳,但同时不难在儒家自身的系统中找到其内在的逻辑根据,这种根据便可以上溯到孟子。与孔子强调以孝悌为仁之本,亦即要求将仁道建立在亲缘关系上有所不同,孟子更侧重于由仁道到仁政的转化。仁政具体内容包括制民之产(让民众拥有一定产业)以及用道德教化代替暴力强制,其对象首先指向一般的社会成员,而不限于家庭关系中的亲亲、尊尊。换言之,它已蕴含着超越亲缘关系的趋向。理学家的民胞物与之学,似乎可以看作这一趋向的逻辑展开。事实上,二程便认为,张载提出民胞物与,已与孟子同功。

力(主体力量)与命(外在天命)的关系,曾是困扰孟子的哲学难题。对主体自身的力量,孟子不仅未完全排斥,而且在某些方面予以高度确信,所谓如欲平定天下,"舍我其谁"便表现了这一点。但同

---

① 张载:《张载集》,中华书局,1978 年,第 62 页。

时,孟子始终没有放弃天命的预设。力与命的这种紧张在孟子那里最后以划界的方式来处理,当然,划界并没有从理论上解决问题,毋宁说,它们似乎使主体的自由天地与外在的天命之域成为相互对峙的两个序列。继孟子之后,理学家也力图对力与命的关系作出合理的定位,并对孟子的思路作了各自的发挥。相对而言,以程朱为代表的正统理学,较多地展开了孟子强调外在天命这一面。在程朱看来,人在善恶等道德选择方面固然有自主的权能,但在这些自由领域之外,还存在大量人的努力难以起作用的空间,后者即构成了天命的王国。就个体而言,其富贵智愚都具有命定的性质,朱熹即以禀气的精、粗、清、浊来解释人的不同命运:如果天赋之气较为清明,便可以成为圣贤,并获得富贵;反之,天赋之气混浊,则智力低下,德行卑贱。总之,从社会地位的贵贱到智力的高低,从精神境界的差异到生命的长短,都具有命定的性质。程朱甚至认为,人究竟以何种方式走向死亡,都有不可逃的定数:"死生自有定命,若合死于水火,须在水火里死;合死于刀兵,须在刀兵里死,看如何逃不得。"[1]这种看法为个人规定了无法逃脱的定数,其中表现出某种命定论的倾向。

在社会历史领域,同样可以看到命的制约。宋神宗当朝时,王安石曾实行变法,对这种变法,程朱一直持批评的态度。在神宗时代,何以会出现王安石的新政?对此,程朱便是以气数来解释的。在朱熹看来,神宗是个很聪明的君主,王安石同样才智过人,只是学术上未走正途。如果神宗能起用一个醇儒,而不去信赖王安石,那情形就不一样了。之所以未能如此,也是"气数使然"。[2] 所谓气数,也就是

---

① 黎靖德编:《朱子语类》卷第五十,中华书局,1986 年,第 1217 页。

② 参见黎靖德编:《朱子语类》卷第一百二十七,中华书局,1986 年,第 3046 页。

历史的定命。按程朱之见，个人的才智固然重要，但历史过程最终的决定者则是作为命的气数。在此，天命的王国便由个体的遭遇（生死贵贱）扩展到了天下的变迁。程朱的以上看法与孟子的天命预设无疑有相近及相承之处，它在某种程度上将孟子对命的承诺引向了宿命论。

相对于以程朱为代表的正统化理学，陆王学派对孟子注重主体权能的思想作了更多的发挥。按陆九渊的看法，每一个个体都有自主的权能，如果没有这种权能，那么人就会被对象所役使。由此，陆氏又主张"收拾精神，自作主宰"。不管身处何种环境，自我都权能在手，自主地决定着行为的方式，并能进退万物。从肯定自我的主宰，陆王又强调了主体意志的作用，以为一旦确立了坚定的志向，那就没有做不到的事。意志首先表现为自我的选择，同时又展开为坚韧不拔的毅力，它构成了完善的道德行为的必要环节。陆王的这些看法，既上承了孟子"舍我其谁"的主体自信，又对其注重道德领域中的自我选择这一思想作了引申，并使之获得了更为具体的内容。可以看到，在力命关系上，孟子对宋明理学产生了双重影响。

群（群体）与己（自我）的关系，是理学的另一重要论题。一般说来，理学并不否认自我的价值。在理学家看来，自我是道德修养之本（基础），德性的涵养主要便靠主体自身的努力，二程将这一过程称为"自治"。自治的前提是自信，即确信自我可以在道德上达到比较完善的境界；其具体内容则是自为，亦即按普遍的道德准则对自我加以塑造，这里似乎已表现出某种主体的自觉。主体自觉更深层的形式，便是"内有主"。所谓内有主，也就是确立内在自我的主导地位。主体总是既有外在的展现，又有内在的人格结构，前者可以视为外在的我（在群体交往中表现出来的我），后者则是内在的我。内在的我更多地带有自主性的品格，并具有较为自觉的反省意识。唯有确立了内在自我的主导地位,才能抵御各种外在的消极影响,始终保持健全的人生追求。正是基于对自我的确认,理学家进一步提出了"为己"的要求。所谓为己,就是以自我的完善为道德涵养的目标。总之,自我应当卓然挺立,实现自身的价值,用陆九渊的话来说,即"宇宙之间,如此广阔,吾身立于其中,须大做一个人"[1]。这种看法与孟子"人人有贵于己"之说,无疑存在着理论上的关联。

不过,在确认自我价值的同时,理学家十分强调个体的社会责任。根据理学家的看法,自我虽然作为个体而存在,却始终生活于群体之中,并应履行对群体的义务,换言之,"小我"不应当排斥"大我",应当自觉服从"大我",而这种服从又是基于一种理性的意识。事实上,理学家所说的"内有主",首先便表现为这样一种理性的意识,后者常常称为"道心"。所谓道心,无非是天理在主体之中的内化。作为天理的内化,道心具有普遍性的品格,而以道心为主,则相应地或多或少将主体理解为一种普遍化的我。与道心相对的是"人心"。所谓"人心",主要与感性的欲求相联系,与之相联系的,则是感性的"我"。理学家所确认的我,首先是以道心的形式存在的理性的"我",对感性的"我",理学家则采取了贬抑与否定的态度,甚至强调要泯灭这种"我",正是在后一意义上,理学家提出了"无我"的主张,亦即将个体完全融于大我之中。

这样,在群己关系上:一方面,理学家要求内有主,亦即确立内在的我;另一方面,又主张无我。前者注意到了主体的自我认同,后者则强化了群体的原则,二者呈现为一种颇为复杂的形态。群己关系上的这二重变奏,同样多少留下了孟子的思想印记。事实上,当孟子试图在群体认同的前提下协调"独善其身"与"兼善天下"时,已表现

---

① 陆九渊:《陆九渊集》卷三十五,中华书局,1980年,第439页。

出群己关系上的二重取向。如果说理学的"为己"（成就自我）是"独善其身"的发挥，那么其"无我"之说则把"兼善天下"推向了极端。

注重义利关系的辨析，是理学的特点之一。与孟子一样，理学家对义（当然之则或道德原则）的内在价值确信不疑，并认为，只要合乎义，便不必考虑利。它所体现的是在孟子那里已初露其端的道义论原则。从肯定义的内在价值出发，理学家对功利采取了贬抑的态度，以为凡是讲利，便意味着自私；进而言之，只要有了谋利的动机，则即使行为完全合乎义，也只能算是自私的功利行为。这样，义利之辩便被等同于公私之辩，而功利的意识与功利的追求则完全被视为非道德的观念与行动（私）。对利的这种拒斥，既上承了孟子"何必曰利"的义利观，又使之取得了更为片面的形式。

利总是指向人的感性需要：利的实现最终表现为人的感性需要的满足；义则更多地体现了理性的要求，从而义利关系逻辑地关联着理欲关系。在孟子那里，我们已可以在某种程度上看到从义利之辩到理欲之辩的过渡，宋明理学则沿着孟子的思路，从更广的理论层面，将义利之辩展开为理欲之辩。孟子在与梁惠王的对话中曾说过："王何必曰利？亦有仁义而已。"对此，朱熹即作了如下发挥："仁义根于人心之固有，天理之公也；利心生于物我之相形，人欲之私也。"①依据这种理解，义利之辩就是理欲之辩。欲在广义上泛指感情的需要与感性的要求（欲求），在狭义上则指感性的要求。需要表示存在的状态，要求则反映了主体的意向。理学家虽然并不完全否定人的感性需要，但是对感性的要求则很少表现出宽容的态度，当他们强调"克治"人欲或"去人欲"的时候，首先便意味着对感性要求的排拒。孟子曾对"大体"与"小体"作了区分，并以"大体"为贵，"小体"为贱，

---

① 朱熹：《孟子章句集注·梁惠王上》。

要求"从其大体"。所谓大体,也就是与"心之官"相联系的理性趋向,小体则是与感官相联系的感性要求,在从其大体的主张中,已蕴含着理性优先的价值取向。宋明理学由此出发,进而强调"存天理,灭人欲",从而使理欲之辩带上了某种禁欲主义的色彩。可以看到,在上承孟子的理性主义传统的同时,理学家对其作了某种消极的引申。

孟子的价值追求以人格的完善为其逻辑终点,对圣人(理想人格)境界及如何成圣,孟子曾经作了多方面的阐释,这种运思趋向同样在理学家那里得到了折射。按理学家的看法,理想人格首先应当具有诚的品格,理学的开山者周敦颐便把"诚"视为圣人之所以为圣人的根本特征,并使"诚"成为人格的道德本体。除了"诚",理想人格的另一重规定便是"明"。诚与伪相对,表现为一种真实的德性;明则指理性的自觉。明诚统一,构成了统一的人格结构。理学的这种看法既受到了《中庸》的某些影响,同时又以孟子为其重要的理论源头。孟子以仁、义、礼、智为人格的内在要素,并把善、信视为完善人格境界的重要特征;仁、义、礼以及善、信,主要体现了德性的力量,智则体现了理性的品格。作为理学人格本体的"诚",在某种意义上便可以看作是以上各种德性的提炼与凝结,而"明"则是智的展现。

理学家所说的"明",更多地与德性之知相联系。从张载开始,理学家们便对德性之知与见闻之知作了严格的区分。见闻之知不仅仅是感性的知识,更是泛指以物为对象的事实认知,它在某种意义上具有工具理性或技术理性的性质;德性之知则与善恶的评价相联系,大致从属于价值理性。对理学家来说,作为人格要素的"明",既不以认知外部事实为内容,也不表现为技术性的技巧,而主要在于体察社会的人伦,对行为作出道德的评判(知善知恶),从而能使行为自觉地合乎伦理规范。王阳明便明确地说:"明伦之外无学矣。"①即除了对人伦的把握与理解外,不存在其他的任何认识。就其将理性加以伦理化而言,理学的以上看法与孟子大致一脉相承。事实上,将"学"规定为"明伦",便源出于孟子,而以德性之知为理性自觉(明)的内容,则体现了孟子强调伦理理性优先地位的思路。

明诚统一的理想人格,也就是所谓醇儒;正是醇儒,构成了理学的人格典范。所谓醇儒,主要是一种内圣的境界,它与外在的事功颇有不同。朱熹曾与当时的事功学派学者陈亮往返辩论,劝他放弃功利追求和事功之学,而完全"以醇儒之道自律"。确实,作为人格典范,醇儒的基本特征在于注重内在的涵养。尽管理学家本人并非远离社会政治生活,相反,从宋代到明代,理学家都一再地涉足于经世之务,王阳明甚至还有平定藩王叛乱以及民变的显赫功业,但在人格追求上,理学家无一例外地将内在心性的完善放在首要地位。朱熹要陈亮放弃事功之学,其内在的含义即是要求由经天纬地的外在抱负,回归到内在的心性涵养。理学之所以常常被称为心性之学,原因之一,正在于此。内在心性的强化,当然有许多方面的原因。随着大一统中央集权的不断强化,知识分子(士)愈来愈远离权力的中心,尽管科举制的确立为士的参政提供了机会,但一旦卷入权力圈,其身份便由士转化为官。既然现实的政治结构使社会精英平治天下的外王理想越来越失去了实现的可能,则理想人格中的外王规定便相应地被淡化。除了这一社会历史的原因之外,内圣的突出还有儒学自身内在的根源,后者在某些方面也可以上溯到孟子。在先秦儒学中,相对于孔子及后起的荀子,孟子对内在的心性予以了更多的关注。在

---

① 王守仁:《万松书院记》,《王阳明全集》卷七,上海古籍出版社,1992年,第253页。

他看来,理想人格(君子)不同于一般的人之特征,即在于其内在的心性结构(存心),作为人格要素的仁、义、礼、智等,主要也表现为一种内在的品格,并与性善的预设相联系。不妨说,孟子已在相当程度上表现出内圣的路向,并为理学的心性之学开了理论先河。

在如何达到理想人格的这个问题上,理学家的看法以其人性论为理论基础。关于人性,理学家首先上承了孟子的性善论传统,以天地之性为人性的本然形态。天地之性以理为内容,因而具有善的性质。尽管天地之性的提法多少带有超验的性质,但以人性为本善,其思路并未超出孟子。按照理学家的看法,正是表现为天地之性的本善之性,为走向理想的人格境界提供了潜能。不难看出,在对成人过程的理解上,理学家注重的首先是人格培养的内在根据。诚然,在天地之性以外,理学又设定了所谓"气质之性"。与天地之性不同,"气质之性"往往有善有恶,有清有浊,只有通过变化气质,才能使人完全返归本善的天地之性。在这方面,理学无疑又吸取了荀子"化性起伪"等看法。不过,就其总体而言,理学家的侧重之点更在于天地之性(成人的内在根据),继孟子之后,他们对成人过程的这一环节也确实作了较为深入的考察,而孟子性善学说的理论意义,亦由此得到了进一步的显示。当然,理学家以天地之性为成圣的出发点,以为理想人格的全部内涵已具体而微地蕴含于这种先天根据之中,变化气质仅仅是净化后天的不良影响,以回复到本善的起点,这多少使理想人格的培养带有某种封闭的性质(从先天本体出发又返归这种本体)。这些思想同样渗入了孟子的某些消极影响:理学的回复天地之性,与孟子的"求其放心"之说体现的确实是同一种"复性"传统。

当然,孟子思想的影响不仅限于理学,在一般士大夫的言行举止之中,也不难看到孟子精神的渗入。北宋政治家范仲淹曾经有过如下的名言:"先天下之忧而忧,后天下之乐而乐。"这里体现的是个体对社会的责任意识,是一种对群体的关怀,而其历史的渊源则可以上溯到孟子所阐发的儒学观念。事实上,在孟子那里,已经可以看到类似的表述:"乐以天下,忧以天下。"①而兼善天下的要求更强化了这种价值取向。范仲淹的以上看法,显然上承了这种儒学精神。南宋末年,爱国志士文天祥以凛然的民族大义抗击外寇,在兵败而身陷囹圄之后,作《正气歌》一首,其中两句是:"天地有正气……于人曰浩然。"纵观他的一生,确实也是浩然正气的写照。这种体现于文天祥言行之中的浩然正气,较之孟子的浩然之气当然内涵更广泛,但二者无疑有无可否认的联系。在孟子那里,浩然之气作为内在的精神力量构成了主体人格挺立的支柱,而文天祥的浩然正气同样体现了人格的尊严。事实上,文天祥本人并不否认孟子对他的影响,在从容就义前,他写道:"孔曰成仁,孟云取义,惟其义尽,所以仁至。"②孟子说过,当生命与道义不能兼得时,应当舍生而取义。文天祥所展现的崇高气节,确实将浩然之气与舍生取义的精神融为一体,它从一个侧面表明,孟子所阐发的儒学精神不仅体现在理学这一类思辨的体系中,而且渗入了广义的文化心理(包括人生信念)与行为取向之中。

宋明以后,孟子的影响一直不绝如缕,直到近代,这种影响依然没有消失。作为儒家的亚圣,孟子固然一再受到近代批判思潮的冲击,但认同其思想的亦不乏其人。在康有为那里,便可以看到后一趋向。康氏虽然多方面地受到东渐之西学的影响,但对传统思想,特别是儒学,并不完全拒斥。纵观其前后期的哲学,儒学思想始终是其重要的来源,而对孟子,则尤多契合之处。康有为曾撰《孟子微》,对孟

---

① 《孟子·梁惠王下》。
② 文天祥:《纪年录》,《文天祥全集》卷十七,江西人民出版社,1987年,第710页。

子的微言大义作了多方面的引申发挥,并推崇备至。在他看来,唯有孟子才真正把握了孔子思想的根本精神,要了解孔子的思想,便必须从孟子出发。康有为尤为注重孟子所说的不忍人之心,以为仁的本质即体现于不忍人之心,这种不忍人之心既是人人都有的"爱质",又是万物存在的根源,人类的文明,太平之盛世,最终都建立在不忍人之心上。康有为的仁爱哲学当然不仅仅是孟子不忍人之心的重复,而在相当程度上渗入了近代的人文主义精神,但儒家(包括孟子)的仁道观念对其接受近代人文主义等启蒙思想,无疑起了某种引发作用。

与康有为相近,谭嗣同对孟子的思想也作了多方面的肯定。较之康有为,谭氏对传统思想更多地采取了批判的态度,他曾提出冲决罗网的主张,对纲常名教及传统的价值观念作了种种抨击,其锋芒往往兼及儒学,如指斥荀子之学为"乡愿",一再加以批判。然而,在其论著中,孟子则更多地以正面的形象出现。谭嗣同以仁学为其思想的核心,并认为要把握仁学,必须熟悉中西哲学的各种经典,在其所列的经典中,便有《孟子》。谭氏的代表作为《仁学》,以仁为基本范畴,谭嗣同反复地阐述了平等、博爱等观念,而这种观念的依据之一,则是性善的预设。在他看来,人的本性都是相同的,其内容均是善,而非恶,既然本性皆善,则人与人之间都应彼此相通,互相平等。就其肯定人性先天即善而言,谭氏的以上思想无疑受到了孟子的影响。当然,他由此而引出的结论(平等、博爱),又明显地带有近代的色彩。可以看到,对孟子的思想认同,体现了为近代观念寻找传统根据的思路。

五四时期,与激烈的传统批判思潮几乎同时,出现了以重振儒学为己任的新儒家。顾名思义,新儒家上承的主要便是传统的儒学,而作为传统儒学重要代表的孟子,则一再地受到现代新儒家的关注。

梁漱溟是现代新儒家的重镇之一,作为思想敏锐的哲学家,梁氏较多地注意到了西方在走向近代的过程中,过度地强调功利原则及片面突出技术理性所带来的负面意义,并认为,这种弊病已使人类有自我毁灭之虑。在梁漱溟看来,要克服这种片面性,便应引入中国传统的思想,特别是儒家的思想。相对于近代西方对功利的无限制追求,儒家更注重义对利的制约,这种义利观对克服"谁对谁都要算账"的功利化趋向,无疑有重要意义。不难看出,梁氏肯定的儒家人生态度,内在地包含了孟子的道义论观念。

注重人心是梁漱溟的另一特点。从早年开始,梁氏即一再提升人心的地位,至晚年,又著《人心与人生》,对人心作了多方面的考察。按梁漱溟的看法,宇宙是一个大生命,这个大生命的核心就是人。生命是活的,而宇宙大生命中最活跃的部分就是人心,一旦认识了人心,就可以把握整个的宇宙生命。这里蕴含的内在观念,便是天人合一,而天(宇宙)与人的沟通与融合,又以人心为其中介,这种看法与孟子颇有相近之处。如前所述,孟子曾以诚为天人交融的中间环节,由此出发,孟子认为,通过尽人之心,最终便可以知天:"尽其心者,知其性也。知其性,则知天矣。"[1]天与人的如上合一,既带有某种神秘主义的色彩,又体现了宇宙论与人生论的统一。

现代新儒家的另一重要人物是熊十力。与梁漱溟相近,熊氏较多地注意到了近代工业文明的负面意义。以为"科学文明"的最大缺陷是一意向外追逐,而不知道反本求己,要纠其偏向,唯有昌明东方的儒学。可以看出,熊十力立论的基点,乃是主体心性的涵养。他以反本求己否定向外追逐,所重者不外是内圣的功夫,这种思路固然受到了宋明理学(特别是王阳明心学)的影响,但其更远的源头则可以

---

[1] 《孟子·尽心上》。

上溯到孟子。按照孟子的看法,社会完善的基本前提是自我的完善,作为治国平天下主要手段的仁政,便是自我固有的不忍人之心的外化和推展,如果人人都能将立足之点放在扩充先天的善端,则王道的理想便可以实现。这是一种以内圣为本位的路向,熊十力要求反本求己,大致体现了同一传统。熊氏本人亦十分自觉地认同这一传统:"自孔孟以迄宋明诸师,无不直指本心之仁。"①

　　从内圣为本的前提出发,熊十力进而对反归本心的具体过程作了规定。按照他的看法,人的本心一开始便存在众理,并且自明、自觉、虚灵无碍、圆满无缺。这里包含两重含义:从认识论上说,既然心具众理,则人心本身便是知识的源泉,认识活动不假外求,而完全表现为一个"自知自识"的过程;就伦理学而言,人心圆满无缺,意味着人性本善,用熊十力自己的话来说,也就是"本来性净"。当然,熊十力并不主张仅仅停留于本来之善上,在肯定性善的同时,熊氏又要求通过后天的修习来完成人性,因为人性固然本善,但亦会受到后天习染的影响,以至隐而不彰,要去掉习染,便离不开修习。不过,熊十力虽然强调修习的必要,但这种后天功夫的作用又常常被理解为"复其本体",后者意味着向本善之性的回归。如果说人心圆满无缺和本来性净的预设以孟子的性善说为其历史先导,那么复其本体的结论则又似乎导源于孟子求其放心的复性说,二者不同程度地镌刻着孟子思想的印记。

　　梁漱溟、熊十力大体属于现代新儒家的第一代,在第二代乃至第三代新儒家中,孟子的思想并未仅仅成为历史的陈迹。从牟宗三、唐君毅到其后继者,几乎都由宋明理学而上接孟子,并将孟子思想作为建构自身体系的重要传统资源。牟宗三曾对孟子与康德加以比较,

① 熊十力:《明心上》,《新唯识论》卷下之一,岳麓书社,2010年,第292页。

以为康德提出的"道德自律"说早已具体而微地存在于孟子的思想中。不仅如此,较之康德仅仅注重道德法则、无上命令的普遍必然性,孟子既重理性,又兼重道德情感,因而较少抽象性。其对孟子的推重,由此可见一端。也正是以孟子思想为出发点,牟宗三强调"内心之明是性海",并要求做"内圣工夫"。①

总之,孟子在中国文化史上确实留下了难以抹去的历史印迹,从价值观念、思维方式、人格追求,到广义的文化心态等,几乎都可以不同程度地看到孟子儒学思想的范导、定型作用。作为一个历史人物,孟子无疑属于过去的时代,然而,作为儒家文化的承先启后者,孟子依然存在于现代,并产生着多方面的影响。

---

① 牟宗三:《中国哲学的特质》,学生书局(台湾),1987 年,第 81 页。

附录一

政道与治道
——以孟子为中心的思考

儒家很早已注意到人以"群"或社会为其存在的方式,孔子所谓"吾非斯人之徒与而谁与"①,便着重突出了人的这种群体性或社会性特征。作为人的存在方式,社会本身应当如何组织? 其成员及相互关系应怎样定位? 社会基本结构的理想形态是什么? 如何担保社会的合理运作? 围绕着这一类问题,儒家展开了其政治哲学,其中包含着多方面的价值观意蕴。

一

孔子曾提出"君君、臣臣、父父、子子"的原则②。

---

① 《论语·微子》。
② 《论语·颜渊》。

父子所指向的是家庭关系,君臣则涉及社会的政治构成,在孔子看来,以父子为核心的家庭关系和以君臣为主干的政治关系,构成了社会的基本结构;社会的有序运行,在于君臣、父子等不同身份的个体都各自认同自身的角色,并履行相应的职责。

作为社会政治结构的主导方面,君臣之间无疑蕴含着某种不对称性:如后来的三纲所强调的,君与臣之间存在着支配与被支配、决定与被决定的关系;这种不对称性的实际政治含义,即是在社会领域中确认等级差异。与君臣之义相应,儒家往往赋予人与人之间的关系以等级性质,甚而将这种等级差异引入家庭关系,在不同程度上肯定父子、夫妇之间的单向从属性。儒家所推崇的礼制,也包含着对社会成员之间不对等性的规定;不同社会等级的社会成员,往往有不同的行为要求,其间界限分明,不得逾越。孔子曾对他那个时代各种违背礼制的僭越行为痛心疾首,并严厉地加以抨击;而被认为违礼行为的特点之一,就在于无视等级差异的各种规定。

对君臣之义及礼制所规定的等级差异,孟子从更普遍的层面予以肯定及论证。在孟子的时代,与儒家坚持等级之分相对,崇尚神农的许行主张"贤者与民并耕而食",在与这一派的论争中,孟子着重强调了社会分工的意义,并由此指出:"有大人之事,有小人之事。且一人之身,而百工之所为备。如必自为而后用之,是率天下而路也。故曰:或劳心,或劳力,劳心者治人,劳力者治于人;治于人者食人,治人者食于人,天下之通义也。"①许行的理想,多少表现了对初民时代人与人之间原始平等关系的缅怀与向往,但其取消社会分工的主张,则显然偏离了社会演化的现实进程。相形之下,孟子对分工必要性的肯定,似乎展示了一种历史的视域。不过,这里所说的"大人""小人"

① 《孟子·滕文公上》。

之分,同时具有社会等级的意义,孟子将经济学意义上的劳动分工与政治学意义上的社会等级完全等而同之,由劳动分工的必要性论证社会等级的合理性,并赋予大人、小人这种社会等级以普遍、永恒的意义(天下之通义),无疑主要体现了对社会等级结构的维护。

然而,在确认君臣之义及大人、小人之别的同时,儒家又对"位"与"德"作了区分。孟子的看法在这方面也具有代表性。在谈到贤者与诸侯的关系时,孟子借子思之口说:"以位,则子,君也;我,臣也,何敢与君友?以德,则子事我者也,奚可以与我友?"①"位"相对于社会结构而言,表示个人在等级系统中所处地位;"德"则涉及人的品格、修养,表示个人在道德领域中所达到的境界。在孟子看来,位与德并不是简单的对应,位高者未必德高,位卑者也不一定德不如人;君主固然在社会地位上高于贤者,但贤者的道德力量却可以超过君主:在后一方面,君主具有从属性(仅仅是"事我者")。位与德的这种不平衡,意味着政治等级的差异并不是决定社会运行的唯一因素;贤者在道德领域所具有的社会力量,可以对君主在政治等级结构中的主导性有所限制。

这种限制在道与势之辩中得到了具体的体现。关于道与势的关系,孟子作了如下的论述:"古之贤王好善而忘势,古之贤士何独不然?乐其道而忘人之势。故王公不致敬尽礼,则不得亟见之。见且犹不得亟,而况得而臣之乎?"②"道"和"善"以社会理想(包括道德理想)和道德追求为内容,"势"则表征着社会的地位。这里包含二重含义:就君主而言,其贤明性往往表现在不以自身在社会政治结构中的地位(势)自重,而是将道德的追求放在更优先的方面(所谓"好善而

---

① 《孟子·万章下》。
② 《孟子·尽心上》。

忘势");就贤士而言,其人格的力量在于不迎合或屈从于外在的势位,以道的认同消解势位对人的压抑("乐道而忘势")。在君臣关系的如上形态中,似乎已多少流露出某种交往对等性的要求:贤士与王公之间君臣关系的建立,要以王公"致敬尽礼"为前提,如果王公不"致敬尽礼",则士可拒绝为臣;君臣之义中君主的绝对主导性,在此无疑受到了一定的限制。上述的交往要求,在尔后受儒家哲学影响的政治实践中,往往体现为礼贤下士的传统。

德位之分、乐道忘势等观念,同时蕴含着对个体内在人格力量的肯定。[①] 孔子已强调个体的意志非外力所能决定,所谓"三军可夺帅也,匹夫不可夺志也"[②]便表明了这一点。孟子进而将"大丈夫"视为仁人志士应有的人格形态,并对其作了如下界定:"得志与民由之,不得志独行其道。富贵不能淫,贫贱不能移,威武不能屈。此之谓大丈夫。"[③]富贵、贫贱、威武都属外在的存在境遇及外在的社会力量,而大丈夫的特点则在于完全不为这些外在的力量所左右。对外部境遇和社会力量的抗御与"独行其道"相结合,无疑使"大丈夫"获得了独立人格的意义。如果说君臣之义及等级差异包含着某种个体从属、依附的观念,那么对人格独立性的彰显,则多少意味着在道德境界的层面逸出人与人之间的依附关系。

肯定个体可以不受社会政治结构中特定地位的限制而挺立自身的人格,与孟子对人性的理解存在着逻辑的联系。在孟子看来,凡人皆有恻隐之心、羞恶之心、恭敬(辞让)之心以及是非之心,它们构成了道德意识的萌芽(端),仁、义、礼、智即植根于此。孟子由

---

① 参见本书第二章第三节。
② 《论语·子罕》。
③ 《孟子·滕文公下》。

此肯定人性皆本善："人性之善也,犹水之就下也。人无有不善,水无有不下。"①对人性的这种预设在理论上是否圆融,当然是有待讨论的问题,但在孟子自身的系统中,这种人性理论却构成了其理解与定位人的出发点。从逻辑上看,人性皆善,意味着在人性这一层面,人与人之间并无本质的差异。在此意义上,孟子进一步提出了"圣""我"同类的论点:"故凡同类者,举相似也,何独至于人而疑之?圣人与我同类者。"②"尧舜与人同耳。"③这里的着重之点在于从"同"的角度理解人与人之间(包括"圣"与"人"之间)的关系,其中无疑渗入了人性平等的观念。不妨说,正是这种"同"或平等的意识,构成了以德抗位(势)、人格挺立的前提。在儒学尔后的演进中,以上观念同样得到了延续。以宋代新儒学而言,其重镇朱熹便肯定:"圣人亦人耳,岂有异于人哉?"④对"圣"与"人"关系的这种理解,与孟子大致前后相承。

可以看到,孟子对人的定位包括二重维度:一方面,对君臣之义及礼制所规定的等级差异,孟子不仅予以肯定,而且从社会分工等角度作了论证;另一方面,从性善论出发,孟子通过区分位与德、道与势等,表达了某种个性独立及人性平等的观念。在对"贵贵"与"尊贤"的双重确认中,以上二重含义得到了更为集中的表述:"用下敬上,谓之贵贵;用上敬下,谓之尊贤。贵贵、尊贤,其义一也。"⑤"贵贵"是就政治结构和关系而言,它要求处于等级结构中的在下者承认在上者的特权地位;"尊贤"则涉及道德领域,它要求在上者对无位而有德者

---

① 《孟子·告子上》。

② 《孟子·告子上》。

③ 《孟子·离娄下》。

④ 朱熹:《孟子章句集注·离娄下》。

⑤ 《孟子·万章下》。

予以同等的尊重。对人的以上二重定位,也使孟子的政治哲学在现代具有了多重意义。

孟子将等级差异视为天经地义的现象,与近代民主政治理念无疑存在着理论的距离。如所周知,民主政治的基本原则之一,是合乎法定要求的每一社会成员都具有参与社会决策的权利,它的前提是承认每一社会成员在社会政治结构中具有平等的地位。在这一意义上,民主无法离开平等:它既内含平等参与社会决策的要求,又以社会成员在政治身份上的平等为必要的条件。由此反观孟子所代表的儒家思想,则不难看到,对君臣之义的维护以及将劳心与劳力之分视为天下之通义,使之难以发展出近代的民主观念。

然而,难以自然地发展出民主理念,并不意味着儒学与近代民主完全格格不入。以孟子而言,如前所述,在确认等级差异的同时,孟子从人性皆善的预设出发,肯定人与人之间,包括圣人与普通人之间存在着对等的关系,并提出"乐道忘势"的观点。如果说圣人与人同类,首先从人的存在(首先是道德存在)的层面确认了人与人之间"同"的一面,那么乐道忘势则蕴含着弱化或淡化等级意识的趋向:"忘势"的直接字面意义即忘却或悬置社会地位上的等级差异。尽管这里对"同"的肯定及"势"的悬置主要侧重于道德上的平等,而不同于政治领域中的权利关系,但作为对人的一个方面的规定,二者并非毫不相关。这不仅在于道德上的平等意识在对人的本质的理解上与政治上的平等观念存在一定的相通性,而且在于前者包含引向政治实践的某种可能。事实上,当孟子由"圣""我"同类、乐道忘势而提出尊贤的要求时,已表现出这种思维趋向:尊贤不仅在于对无位而有德者表示敬意,而且包含着尊重贤者意见的要求,后者已涉及实践参与的问题。此外,儒家对自我尊严、个体人格的追求,也有助于抑制对外在"位""势"的依附、从属心理,后者同时为独立地表达个体的观点、见解提供了前提。对人及人与人之间关系的上述理解,无疑又包含着接受、认同近代民主理念的可能。当代新儒家有所谓"内圣开外王"之说,外王之中即包括民主。内圣是否可以开出外王,固然颇可质疑,但将民主列入外王,却又表现出对民主理念本身的认同。当代新儒家上承传统儒学,它对民主理念的上述立场,也从一个方面表明:儒学与近代民主政治之间存在着某种相容性。

二

对"民"的关注,是儒家政治哲学中的另一重要之点。相对于以人性理论为出发点的形上进路,关于"民"的讨论更多地涉及现实的社会政治立场。在这方面,孟子所代表的儒学同样表现出多重品格。

"民"在儒学的论域中常常与"君"相联系,"民"的意义也首先通过对君主治理天下或治国过程的制约而得到呈现。按孟子的理解,君主在治理国家的过程中,应注意考察民意。以官吏的任免而言,其进其退,都不能仅仅听取少数人的一面之词,而应尊重国人的意见:"国君进贤,如不得已,将使卑逾尊,疏逾亲,可不慎与? 左右皆曰贤,未可也;诸大夫皆曰贤,未可也;国人皆曰贤,然后察之,见贤焉,然后用之。左右皆曰不可,勿听;诸大夫皆曰不可,勿听;国人皆曰不可,然后察之,见不可焉,然后去之。……如此,然后可以为民父母。"①国人即域中之"民"。这里无疑有兼听则明、偏听则暗之意,但其更重要的含义则在于要求君主倾听国人的声音,体现民众的愿望。

进而言之,君主自身的统治也应当得到"民"的认可。孟子以舜继尧位为例,对此作了阐释:"昔者尧荐舜于天而天受之,暴之于民而

---

① 《孟子·梁惠王下》。

民受之。……使之主事而事治,百姓安之,是民受之也。"禹继舜位体现了同样的过程:"昔者舜荐禹于天,十有七年,舜崩。三年之丧毕,禹避舜之子于阳城。天下之民从之,若尧崩之后,不从尧之子而从舜也。"①民受之,民从之,即民众的接受和支持。这里尽管夹杂着"荐于天"之类的神秘表述,从而表明孟子并未放弃对超验之"天"的承诺,但从君与民的关系看,其中所涉及的更实质的问题,在于君主的统治如何获得合法性:唯有为"民"所接受和支持,君主的统治才具有合法的形式。换言之,民众的认可和接受,构成了判断、衡量君主统治合法性的尺度。对"民"与"君"关系的以上看法,显然已超出"君"应重视、关心"民"这一类简单的规定。

以"民从之""民受之"为君主统治合法性的根据,也使君主地位的至上性受到了某种限制。与之相联系,孟子对君主与天下作了区分,在回答其学生关于尧是否将天下授予舜时,孟子明确地表达了这一观点:

万章曰:"尧以天下与舜,有诸?"
孟子曰:"否。天子不能以天下与人。"②

天子不能以天下与人,是以天下非天子的个人所有物为前提的。这种区分的内在含义,在于肯定天下非天子个人的天下,而是天下之人或天下之民的天下。事实上,正是在与学生(万章)的同一对话中,孟子将"民受之""民从之"作为君主统治合法性的根据和标志。对君主与天下关系的这种理解,显然有别于"朕即国家"的独断表述。

---

① 《孟子·万章上》。
② 《孟子·万章上》。

正是从同一原则出发,孟子将"君"与"一夫"区分开来。《孟子·梁惠王下》记载:"齐宣王问曰:'汤放桀,武王伐纣,有诸?'孟子对曰:'于传有之。'曰:'臣弑其君可乎?'曰:'贼仁者谓之贼,贼义者谓之残,残贼之人谓之一夫。闻诛一夫纣矣,未闻弑君也。'"在孟子看来,真正的君主,总是以仁义的原则治理天下,从而为天下之民所接受;与之相对,"一夫"则悖离了仁义,从而与天下对立并为天下所唾弃,作为非仁非义而与天下对立者,他已很难被视为真正意义上的君主了。孟子的上述看法对后来儒家政治哲学的发展产生了深远的影响。从儒学的演进看,辨析天下之公与个人之私,往往构成了其政治哲学的重要方面,从朱熹肯定"天下者,天下之天下也,非一人之私有故也"①,到明清之际的儒家反对将天下等同于一姓②,都表现了这一点。宋明儒者的这种政治观念在公私之辩的形式下,蕴含着对君权的某种限定,而其思想之源则可以追溯到孟子。

在天下与君主的区分中,君主似乎已不再凌驾于天下之上,相反,其本身的权威需要由天下之民加以确认:民受之,则为君;一旦因贼仁贼义而为民所拒,则为一夫。在上述关系中,君对于天下之人或"民"而言,相应地呈现出某种依存性。在著名的民贵君轻说中,孟子对此作了进一步的阐述:"民为贵,社稷次之,君为轻。是故得乎丘民而为天子。"③"丘民"在宽泛意义上表示天下的普通民众,所谓"得乎丘民而为天子",是指唯有得到天下之民的拥护,才能成为真正意义上的君主(天子),在这里,为民所认可,构成了君临天下的前提;而作为达到君主之位所以可能的条件,民也相应地表现出贵于君的意义。

---

① 朱熹:《孟子章句集注·万章上》。

② 参见杨国荣:《善的历程》第八章第六节,上海人民出版社,1994年。

③ 《孟子·尽心下》。

从朱熹开始，人们往往较多地从"以民为本"的角度理解孟子的"民贵君轻"说，但"以民为本"仅仅涉及民为社会或国家存在的基础；从以上的分析中可以看到，孟子上述论点更深沉的含义，在于从君主的合法性这一层面，界定君与民的关系。

以民为贵，同时表明"民"有自身的价值，与这一认定相联系，孟子提出了"与民同乐""保民"等要求，而其仁政、王道的主张，也涉及对民众利益的关切，其具体目标包括"使民养生丧死而无憾"："养生丧死无憾，王道之始也。"①对"民"之价值的这种确认，在"民"之生命与天下这二者的比较中得到了更深刻的体现："行一不义，杀一不辜而得天下，皆不为也。"②这里的"不辜"，是指一般之"民"，杀一不辜，亦即否定一民之生命；得天下，则是获取君主或天子之位。按孟子的看法，获取君主之位不能以牺牲民之生命为代价：天下虽大，但并不足以易一民之生命。换言之，民之生命较君主之位更为可贵，因此不应当将其作为获取君位（得天下）的手段。这里所蕴含的内在观念是：在"民"之生命与君主之位二者之间，前者更具有目的之意义。不难看到，孟子关于民与君主关系的种种论述，在逻辑上一定程度地引向从目的之维来理解和定位"民"，正是后者使之区别于一般意义上的以民为本。

然而，如前所述，孟子最终的政治理想是实现王道或"王天下"，君与民关系的讨论，民在社会中的定位，同样并未离开王道的追求。从实现王道或王天下的理想看，民便具有了另一重意义。如前所述，孟子曾提出"与民同乐"的主张，在解释君主何以应与民同乐时，孟子作了如下论述："乐民之乐者，民亦乐其乐；忧民之忧者，民亦忧其忧。

---

① 《孟子·梁惠王上》。
② 《孟子·公孙丑上》。

乐以天下,忧以天下,然而不王者,未之有也。"①此处之"王"作动词用,指实现王道的理想或将王道推行于天下。一方面,这里依然把民视为应当加以注重、肯定的对象,要求君主和民忧乐与共;另一方面,整个过程又指向了"王"(推行王道于天下):乐民之乐与忧民之忧是为了使民亦能以君主的忧乐为忧乐,而其最终的目标则是实现王道的理想。相对于王道的政治目标,民在此多少呈现从属的性质。

对民及其作用的以上理解,在关于诸侯治国条件的考察中,得到了进一步的体现。君主治理国家,应当具备何种条件? 孟子提出了如下看法:"诸侯之宝三:土地,人民,政事。"②土地既属于自然的资源,又是政治意义上的版图;政事涉及权力及国家管理系统的运作;人民则是社会的主要群体。无土地,国即失去了依托,无政事,国将处于无序状态,二者在不同的层面构成了诸侯治国的手段。土地与政事的这种手段意义,在此同时规定了"人民"的性质:当人民与土地、政事相互并列,共处于同一序列时,它无疑也被赋予了某种治国手段的意义。

以上分析表明,在区分君主与天下,肯定民贵君轻,反对杀一无辜以得天下,并由此一定程度地从目的之维定位"民"的同时,孟子又从王道的政治理想出发,或多或少将民理解为实现某种政治理念的手段。民贵君轻与民为手段之间的这种纠缠,与前文论及的道德平等、德位相分的主张和与君臣之义的交错呈现某种理论上的对应关系,其意义也具有多方面性。

如前所述,在讨论孟子所代表的儒家思想时,人们往往习惯于从民本的角度理解孟子民贵君轻的论点,并进而将其与近代的民主观

---

① 《孟子·梁惠王下》。
② 《孟子·尽心下》。

念区分开来。这种看法当然并非毫无根据,但在作上述区分时,人们常常忽视了二者之间的相关性。前文已提及,民贵君轻并非孤立的命题,它与君主和天下之分,以民的认同和接受为君主统治合法性的依据,反对以牺牲民之生命而得天下等思想相互关联,形成了对"民"较为系统的理解,而这一系统的核心内涵,则是对"民"自身价值的肯定:所谓"贵",其字源意义便包含着价值的确认。正是在这一价值确认的层面上,使孟子对"民"的理解与近代民主政治的论域具有了某种相通性。如前文所述,民主政治基本原则之一,是承认社会成员具有平等地参与社会有关决策的权利,这种平等的参与并非仅仅涉及政治运作的程序(运作的程序往往较多地关联着社会成员的参与能力等),它更深刻的根据在于与视天下为一姓相对的公共意识以及对社会成员存在价值的确认,后者既表现为解构至上的君权,也在于从人是目的这一角度肯定社会成员的内在价值。无论是就历史抑或逻辑的层面看,民主政治的建立,都离不开这一价值前提。孟子诚然不可能质疑君权,也难以达到近代民主政治意义上的价值确认,但他对君与天下的区分及民之为贵等较为系统的看法,无疑为认同或接受民主政治的价值前提提供了一定的可能。当然,就其将民视为实现王道理想或治国过程的手段而言,孟子的思想似乎又与近代民主政治存在着某种紧张。这种相容而又相拒的关系,从一个方面表现了儒家思想在当代的多重意义。

三

作为价值关注的体现,从民贵君轻等方面界定君与民、君与天下等关系,无疑更多地具有实质的意义。社会政治生活的有效组织和运行,当然还有形式的方面,后者包括制度的运作、规范的约束等等。

从主流的方面看,儒学较为注重形式层面的规范与实质层面的价值之间的沟通。在孟子的政治哲学中,便可较为具体地看到这一特点。

孟子很重视规范的作用,在谈到如何为学时,他已指出遵循"规矩"的必要性:"大匠诲人,必以规矩;学者亦必以规矩。"①规矩是行为的一般准则,就技艺的传授和掌握而言,仅仅凭借个体化的经验,往往很难使人真正了解和把握某种技艺,唯有以一般的规程为纲,才能让人领会相关技艺的行为要领,并逐渐成为某种技艺领域的成员。同样,为学也不是一个随意的过程,而是应当遵循某种规范。孟子特别指出"规矩"不应因人而异、随意改变:"大匠不为拙工改废绳墨,弈不为拙射变其彀率。"②规矩作为一般的行为准则,并不仅仅为某些个体而存在,因此不能因为某些个体不能适应这些规矩而轻易地变更。孟子的这些看法,无疑已注意到规范的普遍性、公共性。

规范当然不限于技艺和为学的领域,治国过程同样离不开规范。从无规矩则无以成方圆的前提出发,孟子强调了为政过程中遵循先王之道的重要性:"离娄之明,公输子之巧,不以规矩,不能成方圆;师旷之聪,不以六律,不能正五音;尧舜之道,不以仁政,不能平治天下。……为政不因先王之道,可谓智乎?"③规矩、六律作为准则,规定了应当如何做,同样,仁政作为先王之道的体现,也蕴含着治国的程序。这里值得注意的是孟子将"道"与规矩联系起来,从而赋予它以普遍规范的意义。以"道"与规范的沟通为前提,由"道"的具体化而形成的仁政,不再仅仅表现为抽象的理想,而是包含一套政治实践的操作系统和规程。

---

① 《孟子·告子上》。
② 《孟子·尽心上》。
③ 《孟子·离娄上》。

规范的更具体的形态,往往以"礼"为其存在方式。在儒家的论域中,礼既具有制度的意义(展开为礼制),也表现为行为的准则,相对于道,与体制相联系的礼,往往与日常行为与政治实践有着更切近的联系。孟子从不同的角度对此作了考察。就个人而言,其言行举止都应合乎礼义规范,所谓"非礼无行也"。① 如果悖离礼义,则往往导致自我否定:"言非礼义,谓之自暴也。"②自暴即损毁、戕贼自我。就治国过程而言,缺乏礼义规范,则将引向社会的无序化:"不信仁贤,则国空虚。无礼义,则上下乱。"③在这里,作为社会规范系统的礼,被视为社会秩序的一种担保。

按一定的礼义规范治国的过程,需要专门的知识,并相应地总是涉及或包含技术化的方面。孟子将这一过程与工匠治室、玉器加工者治玉加以类比,反对君主对主管具体治国事务者横加干预:"为巨室,则必使工师求大木,工师得大木,则王喜,以为能胜其任也。匠人斫而小之,则王怒,以为不胜其任矣。夫人幼而学之,壮而欲行之。王曰'姑舍女所学而从我',则何如? 今有璞玉于此,虽万镒,必使玉人雕琢之,至于治国,则曰'姑舍女所学而从我',则何以异于教玉人雕琢玉哉?"④从事特定领域的工作,需要有该领域特定的知识、经验,这里值得注意之点是,孟子将治国也视为特定的技术性领域。技术性的领域,都需要运用所谓工具理性,后者涉及的,首先是形式层面的合理性;作为需要专门知识的政治实践领域,治国过程也相应地涉及工具理性或技术理性的运用。尽管孟子并没有达到对工具理性与价值理性这一类规定的自觉区分,但其以上的论述,无疑肯定了工具

---

① 《孟子·离娄下》。
② 《孟子·离娄上》。
③ 《孟子·尽心下》。
④ 《孟子·梁惠王下》。

层面或技术层面的理性在治国过程中的意义。

然而,在孟子那里,规范的制约并非仅仅表现为形式化的理性操作。以治国过程而言,其中所运用的规范往往与道德人格相联系:"规矩,方圆之至也;圣人,人伦之至也。欲为君,尽君道;欲为臣,尽臣道,二者皆法尧舜而已矣。"①规矩本来是工匠测定方圆的准则,引申为一般的行为规范,圣人是指完美的理想人格,"法"则有依循、仿效之意。孟子将圣人与规矩加以对应,似乎同时肯定了,在"为君""为臣"这一类政治实践中,行为规范可以取得道德人格的形式,或者说,道德人格能够被赋予某种规范的意义:当圣人成为效法对象时,他同时对如何"为君"、如何"为臣"的政治实践具有范导、制约的功能。

把完美的人格引入治国的政治实践,意味着确认道德在政治实践中的作用。从儒学的演进看,在孟子以前,孔子和他的门人已对此予以相当自觉的关注。在谈到礼的作用方式时,《论语》提出了一个著名的论点:"礼之用,和为贵。"②如前所述,儒家所说的"礼"既指普遍的规范体系,又包括社会政治的制度,孔子推崇备至的周礼,便兼指周代的社会政治体制。"和"则更多地表现为一种体现于交往过程的伦理原则:从消极的方面看,它要求通过主体之间的相互理解、沟通,以化解紧张、抑制冲突;从积极的方面看,"和"则意味着主体之间同心同德、协力合作。"礼"本来首先涉及制度层面的运作(包括一般仪式的举行、等级结构的规定、政令的颁布执行、君臣上下之间的相处等),但孔子将这种制度的运作与"和"这样的伦理原则联系起来,强调礼的作用过程,贵在遵循、体现"和"的原则,这里已有见于体制

---

① 《孟子·离娄上》。
② 《论语·学而》。

组织的背后,是人与人之间的关系。体制的运行过程,离不开合理地处理人与人之间的关系(以"和"的原则达到彼此的相互理解与沟通,从而消除冲突、同心协力),质言之,制度(礼)的作用过程,需要道德原则(和)的担保。孟子同样对"和"予以高度的重视,从其"天时不如地利,地利不如人和"①的著名论点,便不难看到这一点。

广而言之,不仅制度的运作需要道德的制约,而且与技术性操作相联系的规矩或规范,也存在如何约束和调节的问题。在谈到技艺或技术性活动及其主体时,孟子指出:"矢人岂不仁于函人哉? 矢人唯恐不伤人,函人唯恐伤人。巫匠亦然。故术不可不慎也。"②制造弓箭者总是希望自己所制的弓箭能置人于死地,而盔甲的制造者则每每担心自己所制的盔甲不能使人免受弓箭的伤害,这并不是因为弓箭的制造者比盔甲的制造者更残忍,而是其从事的特定之"术"使然。在这里,孟子似乎已注意到,"术"作为工具性的存在,有其自身的运作模式和发展方向,一旦完全陷于"术"之中,则往往会身不由己地受"术"所支配,就如同"矢人"的情形:最初他也许并非不仁不义之辈,但他所从事的"术"会将他引向"唯恐不伤人"的非仁道之境。"术"本来是为人所用的,但一旦缺乏道德的制约,则往往会导致对人本身的否定。正是在这一意义上,孟子强调"术不可不慎"。

从肯定"术"或技术性规范的局限及人格的作用等前提出发,孟子对自我的修养予以相当的关注。就个体与天下、国、家的关系而言,孟子首先强调了个体的本位意义:"人有恒言,皆曰天下国家。天下之本在国,国之本在家,家之本在身。"③身或个体的这种本位性,决

① 《孟子·公孙丑下》。
② 《孟子·公孙丑上》。
③ 《孟子·离娄上》。

定了修身对于平天下的重要性:"君子之守,修其身而天下平。"①平天下属于广义的政治实践,修身则是个体的道德完善;以修身为平天下的前提,意味着政治实践无法离开道德的制约。

修身主要着眼于个体,道德对于政治实践的意义,当然不限于个体的人格,同时涉及道德规范。相对于个体的人格,道德的规范更具有普遍的涵盖性,而在儒家的规范系统中,"仁"又被视为核心的原则。对孟子来说,作为基本的规范或原则,"仁"不仅作用于日常的道德实践,而且决定着国家、天下的命运:"三代之得天下也以仁,其失天下也以不仁。国之所以废兴存亡者亦然。天子不仁,不保四海;诸侯不仁,不保社稷;卿大夫不仁,不保宗庙;士庶人不仁,不保四体。"②从平民到天子,循仁则昌,违仁则亡。对"仁"与天下得失、国家兴亡关系的这种强调,当然不免有过分渲染其作用的倾向,但它无疑也注意到了道德在社会政治生活中的不可或缺性。

以道德在政治实践中的作用为参照的背景,孟子对善政与善教的不同特点作了考察:"善政,不如善教之得民也。善政民畏之,善教民爱之;善政得民财,善教得民心。"③"政"侧重于法制,"教"则侧重于教化。法制的实施,对人具有震慑的作用,使人惧怕而行为谨慎;教化则通过对人的引导,使人心悦诚服,真诚地认同、接受社会和国家的约束;前者具有强制的性质,后者则是自愿的,所谓"畏之""爱之"便体现了两种不同的境界。在孟子以前,孔子已区分了"道之以政"与"道之以德":"道之以政,齐之以刑,民免而无耻;道之以德,齐

---

① 《孟子·尽心下》。
② 《孟子·离娄上》。
③ 《孟子·尽心上》。

之以礼,有耻且格。"①这里也涉及两种治国方式:其一,用法制约束民众,以刑律统一民众意志和行为;其二,以道德规范引导民众,以礼义统一其观念。孔子所倡导的是后一方式。在孔子看来,对民众不应加以外在强制,而应注重其内心的认同和接受,通过教化,可以使民众在行为与规范冲突时,内心产生羞耻感,从而真正有所触动。孟子的以上看法,显然与孔子的原始儒学一脉相承。

以善教制衡善政,主要侧重于社会之维,就个体而言,则有"天爵"与"人爵"之分:"有天爵者,有人爵者。仁义忠信,乐善不倦,此天爵也;公卿大夫,此人爵也。古之人修其天爵,而人爵从之。今之人修其天爵,以要人爵;既得人爵,而弃其天爵,则惑之甚者也,终亦必亡而已矣。"②"天爵"以道德境界为内容,"人爵"则涉及现实政治法律制度中的社会身份、社会等级。在孟子看来,社会成员不仅是法制关系中的人,也是道德关系中的人;"人爵"所代表的社会等级或法制关系中的存在形态,应当以"天爵"所体现的道德存在方式加以引导和制约。这里已注意到,仅仅以法制意义上的身份、等级为存在方式,无视或否弃社会存在中的道德面向,将导致消极的社会后果。

总起来,孟子认为,仅仅关注"善"与仅仅关注"法",都难以担保社会的有序运行:"徒善不足以为政,徒法不能以自行。"③"善"是道德的规定,"法"则泛指普遍的规范、制度;前者侧重于社会对个体的要求,所谓"责人",后者则表现为个体对自我的要求,所谓"责己"。当然,对孟子而言,尽管二者都为治国过程所不可或缺,但"责己"或

---

① 《论语·为政》。
② 《孟子·告子上》。
③ 《孟子·离娄上》。

"善"似乎居于更为主导的方面:"行有不得者,皆反求诸己,其身正而天下归之。"①不难看到,在道德优先的前提下确认"善"与"法"的统一,构成了孟子政治哲学的特点,而从儒学的发展看,这一立场同时构成了儒学的主流思想。

相对于孟子所代表的儒学思想,近代的民主政治似乎更多地侧重于工具层面的理性。尽管从早期的启蒙思潮到当代的自由主义,都在不同意义上包含自由、个性、人权等多样的价值追求,但从社会生活的组织、政治体制的运行等方面看,民主政治显然以形式的、程序的方面为其主要关注之点。较之传统的等级制,民主的政治体制具有科层制的特点,而科层制本身在相当程度上可以看作是工具理性或技术理性在政治领域中的具体化,它在某种意义上将制度或体制理解为政治或法律的机器;作为机器,其运行常常按照固定的程式,具有超越人或非人格的性质。民主政治往往试图通过这种形式化、程序化或程式化的运行方式,来担保社会政治生活的公正和效率。

以形式化、技术化、程序化的规定为主要指向,德性、人格等方面,往往在民主政治的体制中难以获得适当的定位。如有些论者所指出的,直到当代的罗尔斯、哈贝马斯等,仍将人格修养等问题置于公共领域之外,②很少从社会政治生活的合理组织等角度讨论这一类问题。就本体论或存在论的层面而言,上述思维趋向显然未能注意到人的存在的多方面性。如孟子已意识到的,人既是政治法制关系中的存在,也有其道德的面向,作为人的存在的相关方面,这些规定并非彼此悬隔,而是相互交错、融合,并展开于人的同一存在过程。

---

① 《孟子·离娄上》。
② 参见杜维明:《儒家与自由主义》,载哈佛燕京学社、三联书店主编:《儒家与自由主义》,生活·读书·新知三联书店,2001 年,第 67—68、119 页。

本体论上的这种存在方式,决定了人的政治生活和道德生活不能截然分离。从制度本身的运作来看,它固然涉及非人格的形式化结构,但在其运作过程中也包含人的参与,作为参与的主体,人自身的品格、德性等总是处处影响着参与的过程,在此意义上,体制组织的合理运作既有其形式化的、程序性的前提,也需要道德的担保和制衡;①离开了道德等因素的制约,社会生活的理性化只能在技术或工具层面得到实现,从而难以避免片面性。

从以上前提看,孟子关于社会生活如何组织,以及道德与政治的关系等看法,无疑为当代政治哲学的思考提供了值得注意的理论资源。尽管如前所述,他对道德主导性的反复论证,每每蕴含着过分突出道德作用的立场,在某些方面甚而表现出某种泛道德主义的倾向,然而,就总体而言,其整个论述显然不乏正面的建树。如果说孟子对规范、礼制以及法等作用的肯定,对"徒善不足以为政"的确认,使之包含与近代民主政治沟通的可能性,那么他注重人格在政治实践中的规范意义,强调"徒法不能以自行",要求以善教制衡善政等,则对近代民主政治过分强化形式化、程序化及技术理性的偏向,无疑可以在思维进路上形成某种纠偏的作用。

(原载《浙江学刊》2002 年第 5 期)

---

① 参见杨国荣:《伦理与存在——道德哲学研究》第一章第四节,上海人民出版社,2002 年。

附录二

孟荀：儒学衍化的二重路向

儒学作为先秦显学，奠基于孔子。孔子以仁学为主要构架，提出了仁道原则与理性原则，二者具体展开于天人、义利、群己之辩以及理想人格等学说之中。从总体上看，在孔子那里，儒学具有原始的浑朴形态，唯其浑朴，故能兼容多方面的观念，后者同时蕴含了儒学在尔后分化的契机。孔子之后，这种分化便渐趋明朗化。韩非曾有"儒分为八"之说，这八派是子张、子思、颜氏、孟子、漆雕氏、仲良氏、孙氏、乐正氏。[①] 根据后人考证，韩非的八分之说并不十分确切。不过，儒学向不同方向的衍化，确是事实。从思想史的角度看，以孟子与荀子为代表的衍化趋向，无疑具有更实质的意义。

---

① 《韩非子·显学》。

孟荀在上承孔子的同时,对发端于孔子的儒学思想作了不同的发挥和引申,后者既使儒学进一步深化并更趋成熟,又在某些方面使之失去了浑厚的形态而变得褊狭了。

一

孟子曾受业于子思(孔子之孙)的门人,故后世常常思孟合称。在哲学上,孟子首先对孔子的仁学作了发挥。在他看来,每一个人都先天地具有不忍人之心或恻隐之心。孔子曾以思念父母的自然情感作为孝(仁之具体形式)的出发点,以恻隐之心为仁之端,意味着从心理情感的角度,为人道原则提供了更为广泛的基础。

在孔子那里,仁作为人道的原则,主要表现为一种社会的道德规范。孟子则进而由仁道推绎出不忍人之政:"人皆有不忍人之心。先王有不忍人之心,斯有不忍人之政矣。"①不忍人之政即所谓仁政。仁政大致包括两个方面:其一,制民以恒产,即保证每一农民拥有一定的土地,使之"仰足以事父母,俯足以畜妻子",年成好能丰衣足食,灾年则能免于饥寒;其二,以德服人,即通过教化等方式来安抚人民,而不是以暴力的方式来压服人。从当时的历史条件来看,孟子的如上主张自然不免有其迂阔之处,不过,孟子将民的安居乐业作为自己的政治理想,毕竟包含着一种人道的精神。从后一意义上说,由孔子的仁道到孟子的仁政,表现为人道原则的深化:它标志着人道原则开始从一般的伦理规范,进一步扩展为社会政治生活的准则。

孟子的性善说(人皆有不忍人之心或恻隐之心)与仁政说分别从内在的心理情感与外在的社会关系上展开了孔子的人道原则,并使

① 《孟子·公孙丑上》。

人道原则获得更为宽泛的内涵和更为普遍的规范功能。可以看到，在孟子的如上发挥中，儒学的基本精神进一步系统化了，后世之所以孔孟并称，其缘由之一，亦在于此。

仁与知的联系，是孔子思想的显著特点，这一致思模式同样体现于孟子之中。在突出人道原则的同时，孟子对理性作了多方面的考察。按孟子之见，人不仅具有先天的不忍人之心（恻隐之心），而且具有先天的是非之心："是非之心，人皆有之。……是非之心，智也。"①孟子对人的理性能力充满了天真的信赖，以为一旦运用理性的能力，则价值论与认识论的问题都可以解决："心之官则思，思则得之。"②这些看法大致上承孔子。不过，在孔子那里，注重理性并不意味着排斥感性闻见，孔子一再主张"多闻，择其善者而从之，多见而识之"③。择善与识是一种理性的活动，而这种活动又与多闻多见相联系。与之相异，孟子在突出理性原则的同时，对感性的闻见多少采取了贬抑的态度："耳目之官不思，而蔽于物，物交物，则引之而已矣。"④在这里，孔子推重理性而又兼容感性的思维趋向，似乎为单一的理性原则所取代。

理性的原则并不仅仅表现为一种判断是非的能力，同时体现于人的行为之中。根据孟子的看法，人的行为（主要是道德行为）可以区分为两种境界：其一，行仁义而不察，"行之而不著焉，习矣而不察焉，终身由之而不知其道者，众也"⑤；其二，"由仁义行"⑥。前者虽然

---

① 《孟子·告子上》。
② 《孟子·告子上》。
③ 《论语·述而》。
④ 《孟子·告子上》。
⑤ 《孟子·尽心上》。
⑥ 《孟子·离娄下》。

合乎仁义,但这种"行""习"并不是以把握当然之则(道)为前提,故带有自发的特点;后者则是在思仁义而得之的基础上,自觉地按照当然之则的要求而行。孟子所追求的,主要是后一种境界。在对舜的评价中,孟子明确地表明了这一点:"舜明于庶物,察于人伦,由仁义行,非行仁义也。"①在此,理性原则与道德行为的自觉原则已融合为一。一般说来,真正的道德行为总是具有自觉的性质,而这种自觉的品格又以理性的升华为前提,不妨说,自觉原则本身便是理性原则在道德行为中的体现。孟子的如上观点,可以看作是孔子理性原则的引申,它在理论上相应地加强了发端于孔子的理性主义传统,并使之进一步定型。尔后的儒家,几乎都在不同程度上受这一传统的制约。

当然,将"知其道"与行仁义联系起来,也体现了知(理性)的伦理化倾向。后者从孟子对智的定义中可以更清楚地看出:"仁之实,事亲是也;义之实,从兄是也;智之实,知斯二者弗去是也。"②在此,理性(智)的功能便仅仅表现为把握并坚持仁义等道德规范。与智的这一界说相应,孟子将理性与感性分别同大人与小人对应起来:"从其大体为大人,从其小体为小人。"③大体与小体即心之官(引申为理性)与耳目之官(引申为感性),大人、小人则指道德意义上的人格,二者的如上对应,意味着赋予知以伦理色彩。而将大体(理性)视为大人的品格,则从另一侧面突出了伦理理性的地位。

与孔子一样,孟子也把理性原则运用于天道观。不过,在孔子那里,理性原则在天道领域的运用,首先具体化为一种"不语怪力乱神"的明智态度,孟子的取向则有所不同。按孟子的看法,天与人具有相

① 《孟子·离娄下》。
② 《孟子·离娄上》。
③ 《孟子·告子上》。

通性,因而尽人之性,便可以知天:"尽其心者知其性也,知其性,则知天矣。存其心,养其性,所以事天也。"①尽心知性主要是一种理性的反省,存心养性则是一种道德涵养,二者在孟子那里又构成了同一过程的两个方面,其目标在于上达于天(知天事天)。这样,伦理化的理性便成为天与人沟通的中介。基于如上看法,孟子进而对天人关系作了如下规定:"诚者,天之道也;思诚者,人之道也。"②在中国哲学中,诚既具有本体论的意义,又是一个伦理的范畴。在此,一方面,天道以诚为内容,另一方面,理性(思)则以诚为对象,理性的伦理化进一步扩展为天道的伦理化,而在如上的双重伦理化中,天与人开始融合为一。不难看到,通过伦理理性的反省活动(思诚)而达到天与人的合一,这既是一种天道观,又是一种精神境界(主体精神通过与天沟通而达到升华),它在上承孔子理性主义天道观的同时,又蕴含了某种思辨的倾向。

理性原则引申至义利关系,便表现为对义的注重,义即当然,而理性在伦理化之后,主要即以体认当然之则为内容。按孟子的理解,义作为道德原则,本身便有其内在价值,而无须以利作为其外在根据。这一观点大致沿袭了孔子,不过,孟子在这方面似乎走得更远。他曾认为:"大人者,言不必信,行不必果,惟义所在。"③这里包含两重含义:其一,道德原则(义)具有至上的性质,它并不以道德领域之外的经验事实为基础;其二,对主体言行的价值判断,不必以行为的结果为依据,而只需看其出发点(动机)是否合乎义("惟义所在")。这种看法显然将孔子思想中的动机论倾向充分展开并极端化了。当

---

① 《孟子·尽心上》。
② 《孟子·离娄上》。
③ 《孟子·离娄下》。

然,强调义的内在价值并不意味着完全排斥利,孔子是这样,孟子也是如此:其仁政说即包含着对利的确认。但这种利不仅主要被归结为普遍之利,从而趋于抽象化,而且往往涵盖于义之下,它使功利意识难以在儒家之中获得合理的定位。

就群己关系而言,孟子提出了"穷则独善其身,达则兼善天下"①的命题。与孔子一样,孟子所说的独善其身,主要是一种道德上的自我实现,其内容是"不失义",故穷则独善其身,又称"穷不失义"②,而不失其义则意味着履行普遍的社会责任。这样,独善的过程便完全不同于道家的归隐遁世,相反,它本身也是一种淑世的方式。换言之,在履行社会责任(不失义)这一点上,独善其身与兼善天下体现的是同一方向。可以看出,作为淑世的一种特殊方式,独善其身实质上从属于兼善天下:道德上的自我实现,乃是为了群体的完善或群体之利的实现。在这方面,孟子不仅承继了孔子"修己以安人"的传统,而且通过将独善其身与兼善天下统一于"不失义"而将儒家的群体原则进一步强化了。

在孔子那里,成己最后落实于人格的培养(在人格上达到理想的境界),这一思路同样为孟子所接受:对孟子来说,所谓独善,归根到底也就是人格上的自我完善。从人格理想的基本内涵来看,孟子的构想大致与孔子前后相承。不过,对孔子而言,理想人格的各个要素主要涵盖于仁这一总范畴之下,孟子则首先将仁展开为仁、义、礼、智等具体规定。仁是一种爱的要求:"仁者以其所爱及其所不爱。"③义是一种公正的品格。礼作为人格的内在德性,以谦让(先人后己)为

---

① 《孟子·尽心上》。

② 《孟子·尽心上》。

③ 《孟子·尽心下》。

特征。智则体现了自觉的理性。在如上诸要素中,仁居于主导地位,而仁本身又有情感的基础("恻隐之心,仁之端也"),从而,理想的人格总是同时包含着健全的情感。孟子还把意志提到了突出地位,提出"尚志"之说。所谓尚志,就是确立坚定的志向。一旦立志,则可以使人获得内在的精神力量,后者具体表现为所谓"浩然之气",这种意志力量最终又受内在的"良知"之制约。不难看到,孟子的以上思想,着重发挥了孔子对理想人格的内在规定,他注重的乃是人格理想中内圣这一侧面。

如何成人(达到理想的人格)?孔子提出了"性相近,习相远"的观点,以为成人既要以相近(普遍)之性为内在根据,又取决于不同的习行。与强调内圣相联系,孟子对成人的内在根据作了更多的考察。在他看来,人性之中先天地包含着仁、义、礼、智四端,这种天赋善端决定了凡人皆具有成圣(达到理想人格)的可能:"有是四端而自谓不能者,自贼者也。"①依照这种理解,所谓成圣(成人)便是一个从内在根据(先天的善端)出发展开的自我培养、自我成就的过程。孟子的如上看法注意到了理想人格的培养并不仅仅是一个外在灌输或强制性塑造的过程,而必须以主体内在本质所提供的可能为根据,这一观点无疑有其合理的一面。不过,孟子将成人的内在根据归结为先天的善端,则表现了先验论的倾向。正是从后者出发,孟子又将达到理想人格的过程看作是"求其放心"的过程,所谓求其放心,也就是复性(返归先天的本善之性)。相对于孔子"性相近、习相远"之说,孟子对后天习行去塑造人格中的作用未免有所忽视。

---

① 《孟子·公孙丑上》。

二

荀子是先秦时代与孟子齐名的大儒。他自称是孔子、子弓（据后人考证，子弓即孔子的弟子仲弓）的后学，而他确实在理论上多方面地继续了孔子所开创的儒学传统。不过，尽管同为孔子的传人，但荀子对孔学的发挥有别于孟子。

在注重人道原则这一点上，荀子一如孔子。然而，与孔子以仁为轴心而展开人道原则有所不同，荀子着重将人道原则与礼联系起来。从孔学的演变来看，礼本是孔子思想中的一个主要范畴，孔子甚至以"克己复礼"来界说仁。但相对于仁而言，礼主要表现为一种外在形式，只有与仁相结合，礼才具有现实意义："人而不仁，如礼何？"①在荀子那里，礼则开始由附属于仁的外在形式提升为人道的最高准则："礼者，人道之极也。"②作为人道之极，礼并不是与人相对立的冷冰冰的律令，它同样包含着对人的尊重："礼以顺人心为本。"③不过，与仁主要表现为内在的规范不同，礼更多地偏重于外在的调节，它的功能在于通过制定名分等级，以满足人的合理需要（"养人之欲，给人之求"④），从而保持整个社会的稳定（"国家无礼则不宁"⑤）。如果说孟子以不忍人之心为仁的出发点，意味着将人道原则视为内在良心的呼唤，那么荀子以礼为人道之极，则将人道原则理解为社会对主体的要求。

---

① 《论语·八佾》。

② 《荀子·礼论》。

③ 《荀子·大略》。

④ 《荀子·礼论》。

⑤ 《荀子·修身》。

孔子以仁为人道之内容,强调了道德规范(当然之则)的制约作用。孟子对此作了进一步的发挥,将仁义等道德原则看作是一种普遍有效的准则,由不忍人之心而推出不忍人之政(仁政),亦即以内在的道德规范作为社会政治生活的普遍原则,从而多少表现出某种泛道德主义的倾向。与此相异,荀子则对礼作了限制:"由士以上则必以礼乐节之,众庶百姓则必以法数制之。"①以为礼仅仅适用于士以上的社会成员,而对社会的其他成员则应以法律来制约,既体现了一种等级的观念,又意味着给人道原则规定了一个界限。较之孔子及孟子强调人道原则的普遍性,荀子的如上看法无疑有所后退。不过,从另一个角度看,荀子对礼与法的区分,同时蕴含着如下观念,即道德规范的功能并不是万能,它有其自身的限度:当荀子断言礼的调节作用主要表现于士以上的阶层时,便在等级观念的形式下触及了道德规范的限度。道德与法确实有不同的功能,二者的作用方式、范围也各不相同,仅仅突出道德的调节作用,或单纯地强调法的制约功能,都有其片面性。孔孟肯定仁义等道德规范的作用,固然体现了人文的观念,但他们以当然之则为无所不适的准则,与后来法家以法为处理人际关系的唯一准绳,似乎多少走向了两个不同的极端。就此而言,荀子注意到礼的限度,无疑又有克服原始儒学泛道德主义倾向的意义。

仁道原则与理性原则的结合,是孔子一以贯之的思想,它同样在荀子的儒学思想中留下了印记。在以礼为人道之极的同时,荀子也相当注重理性思维的作用,"人何以知道?曰:心","心者,形之君也,而神明之主也"。② 不过,与孟子将孔子的理性原则引向独断论不

---

① 《荀子·富国》。
② 《荀子·解蔽》。

同,荀子力图将理性原则与感性原则沟通起来:"心有征知。征知,则缘耳而知声可也,缘目而知形可也。然而征知必将待天官之当簿其类然后可也。"①这一看法显然更接近孔子"多见而识之"的思路。但是,值得注重的是,荀子对理性原则的内涵作了更广的规定:"故知者为之分别,制名以指实,上以明贵贱,下以辨同异。"②在这里,理性的作用已不仅仅限于道德领域:它开始超越伦常关系而指向更广的对象。较之孔子将知规定为"知人",从而使理性伦理化(从属于价值论)的倾向,荀子对理性的理解无疑更为深入:理性开始被赋予认识的意义。

理性的原则在孟子那里曾成为天人相通的中介,而从理性的伦理化中又进一步衍生出天道的伦理化。与这一推演过程不同,荀子着重将理性原则与制天命而用之的过程联系起来:"从天而颂之,孰与制天命而用之?"③在这里,天命即指自然法则,制天命而用之,则是在认识自然法则之后,进而宰制自然。不难看到,理性已不再仅仅是一种达到天人合一之精神境界的手段,而是在更广的意义上(作用于自然)表现为人的本质力量。理性原则与天道观的如上结合,不仅越出了从理性的伦理化到天道的伦理化这一理论走向,而且开始扬弃孔子思想中理性主义与天命论之间的矛盾,并多少克服了其中"畏天命"的宿命论倾向。正是在这里,蕴含着解决天人关系之新的思路。

就义利关系而言,荀子首先肯定了义的超功利性:"义之所在,不倾于权,不顾其利,举国而与之不为改视,重死持义而不桡,是士君子之勇也。"④义包含着不计较个人利害得失的要求,这种强调道德内在

---

① 《荀子·正名》。
② 《荀子·正名》。
③ 《荀子·天论》。
④ 《荀子·荣辱》。

价值的看法,与孔子大致一脉相承。不过,孔子由此而否定了义的功利基础,荀子则从义的起源上,注意到义不能游离于利。在他看来,人生来就有种种欲望,欲望如不加以节制,便会发生纷争,礼义的产生,便在于规定各种等级界限,以调节人们的利益关系,从而保证社会的稳定。① 调节利益关系以避免争乱,实质上是一种功利的要求,既然礼义并非仅仅根源于人的先天理性或良知,而是在适应社会的如上需要中产生的,那么它便相应地具有一种功利的基础。总之,按荀子的理解,义在总体上既有内在的价值(超功利性),又有其外在的功利根据。当然,以利作为义的现实基础,并不意味着可以无节制地追求利,合理的方式是"以义制利"。在这一点上,荀子并没有离开孔子的义利观。但与孟子着重突出公利不同,荀子在主张"以义制利"的同时,对个体之利采取了容忍的态度:"义与利者,人之所两有也,虽尧舜,不能去民之欲利。"②质言之,以义制利并不是以普遍之义去排斥个体之利。如果说确认义的现实功利基础,已开始偏离孔子主要强调义之内在价值的思路,那么肯定义与个体之利的相容性,则进一步越出了孔子注重公利而忽视个体之利的轨辙。

普遍之义与个体之利的两有,意味着群与己的统一。孔子曾说:"吾非斯人之徒与而谁与?"③意即个人总是不可避免地生活于群体之中。荀子发挥了这一思想,并进一步论证了群体乃是个体存在与发展的基本条件:人"力不若牛,走不若马,而牛马为用,何也? 曰:人能群,彼不能群也"④。作为群体中的一员,个人负有不同的社会责任,如君有君之责,臣有臣之责,父有父之责,等等。这种看法所体现

---

① 参见《荀子·礼论》《荀子·王制》。
② 《荀子·大略》。
③ 《论语·微子》。
④ 《荀子·王制》。

的,基本上是儒家的群体原则。不过,在荀子看来,群体原则并不排斥个体价值。群体固然是个体存在的前提,但合群本身也以个体之各得其宜为条件:"皆使人载其事而各得其宜,然后使悫禄多少厚薄之称,是夫群居和一之道也。"①"各得其宜"与"群居和一"之统一,也就是群与己之统一。对群己关系的如上理解,与孔子修己以安人之说无疑有合辙之处,但在相近的形式之下,又潜存着相异的思维倾向。在孔子那里,修己主要是道德上的自我实现,而群己之统一则主要建立在个体对群体的认同之上(修己从属于安人)。荀子之"各得其宜"则具有更广的含义:它已不限于道德上的自我完善,各得其宜与群居和一之间也不仅仅表现为一种从属关系。质言之,个体认同与群体认同乃是统一的两个方面。

作为孔门儒学的传人,荀子所理解的个体认同,同样与人格的完美相联系。尽管荀子并不主张把自我仅仅理解为道德上的主体,但人格上的完善在荀子的整个学说中仍占有极为重要的地位。他曾专撰《修身》篇,讨论如何达到理想的人格。这种由天人、义利、群己诸关系的考察而最后归本于人格培养的思维定向,体现的大致也是孔子的传统。在荀子看来,完美的人格应当全而粹:"君子知夫不全不粹之不足以为美也。"②所谓全而粹,便是指人格的多方面发展,它具体展开为主体的内在规定。首先,理想的人格应当具有坚定、专一的意志,其行为完全"自禁""自行"(出于自主选择)。其次,完美的人格应当包含健全的情感:"情者,性之质也。"③最后,自主的意志及主体情感都应受理性的制约:就意志而言,不能"离道而内自择";就情

---

① 《荀子·荣辱》。
② 《荀子·劝学》。
③ 《荀子·正名》。

而言,应通过陶冶而使之合乎正道,对道的认识则是理性的功能。正是在此意义上,荀子常常将"知虑明"与"心意修、德行厚"联系起来。可以看到,对人格的如上规定,基本上未出孔门之矩矱。

值得注意的是,除了知情意统一的内在品格外,荀子还特别突出了人格的外在社会功能。与主张"制天命而用之"相应,荀子认为,完美的人格(君子)并不仅仅表现为德性的完善,他同时应当具有经纬天地、安邦济世的能力:"天地生君子,君子理天地,君子者,天地之参也,万物之总也。"①"一天下,财万物,长养人民,兼利天下……则圣人之得势者,舜禹是也。"②如果说内在的德性表现了理想人格的"内圣"规定,那么经世的要求则构成人格的"外王"规定;前者可以看作是一种精神境界,后者则表现为一种实践的品格。从孔学的演变来看,孔子的理想人格学说潜在地包含内圣与外王二重规定,当然,孔子对内圣作了更多的考察。孟子着重对孔子注重内圣的思想作了发挥,从而开所谓"心性之学"之端。相形之下,荀子对外王的强调,则使儒学的演进形成新的路向。

在成人之道上,与孟子将孔子的"性相近"理解为性本善,并以此作为成人之内在根据不同,荀子将"性相近"引申为性本恶。作为一种恶的禀赋,性不能成为成人的出发点,只有通过一个"化性起伪"的过程,才能使人获得完善的德性。"化性"即改造本恶之性,"伪"则指人为(人的努力),荀子所说的人为,主要指外在的习行与教化:"注错(措)习俗,所以化性也。"③"故必将有师法之化,礼义之道,然后出于辞让,合于文理,而归于治。"④他举例说,南方、东方和北方各族的孩

---

① 《荀子·王制》。
② 《荀子·非十二子》。
③ 《荀子·儒效》。
④ 《荀子·性恶》。

子,降生时的啼哭之声是相同的,可是长大以后,言行举止便各不相同了,这是"教使之然也"。总之,人之由恶而向善(达到完美的人格),主要依靠外在的教化、灌输以及特定环境中的习行。荀子的如上思想,可以看作是荀子"习相远"之说的引申与发挥。相对于孔子以"性相近,习相远"的统一来规定成人过程,荀子的性恶说无疑表现出忽视人格培养之内在根据的偏向,但他对教化习行的考察,毕竟突出了外部条件在人格培养中的作用,避免了将成人的过程理解为内向的涵养和先验的复性。

概而言之,作为儒学的开创者,孔子建构了儒学的基本形态,并规定了其主要思维定向。不过,孔子的儒学思想还是一种尚未展开的体系。孔子之后,孟子与荀子在儒学这一总的构架下,从不同的侧面对孔门的基本原则作了发挥,并使儒学形成两种相异的衍化路向,后者同时预示了儒学在尔后的分野。先秦以后,从董仲舒到程朱陆王,以孟子为代表的儒学路向逐渐成为正统,而荀学则被边缘化为旁支。但无论是正统还是旁支,二者对中国传统文化都产生了不可忽视的影响。

(原载《学术界》1990 年第 2 期)

附录三

儒学与德性伦理

一

伦理学或道德哲学往往以某种规范系统来担保行为的善。然而,从逻辑上看,规范系统的建构总是以价值的确认为前提:人们首先是根据价值形态来规定行为的规范和评价的准则。价值是一种广义的好(the good),在道德领域中,它则表现为善。尽管广义的"好"与"应当"之间并不一定具有逻辑上的蕴含关系,但就道德实践而言,"什么应当做"与"什么是善"之间却存在着内在的一致性:唯有对善与恶有所认定,才能进而形成何者当为,何者不当为的行为规范。就价值认定对伦理学的本源意义而言,价值论似乎构成伦理学或道德哲学的元理论(Meta-theory)。当摩尔

(George Edward Moore)将"什么是善的"和"什么是恶的"视为伦理学的"第一个问题"时，①他无疑已注意到这一点；当然，在摩尔那里，这一问题主要限于概念层面的分析，从而没有超出元伦理学（Meta-ethics）之域。

与摩尔等所代表的元伦理学有所不同，儒家伦理更多地倾向于认定实际的善，其伦理原则则奠基于这种实际的确认之上。历史上，不同的哲学家都形成了各自的价值观念，后者展开于价值关系的各个方面，并逐渐综合为相应的价值系统。在中国哲学中，价值的确认不仅仅表现为对实体的抽象观照，而是以具体的价值关系为其背景。首先是天人关系，从价值观的角度看，天人之际所涉及的是人与自然的关系。世界本来以自在或本然的形态存在，但当人从自然中分化出来后，便形成了人与自然互动的绵绵历史。儒家以仁道为原则，突出人之为人的内在价值，并由此而追求自然的人化；道家则肯定自然之美，将自然理想化。尽管儒家并不否定自然原则，道家也始终没有忘却人文的关切，但就总体而言，二者在天（自然）与人的价值认定上显然各有侧重。从天人之际进展到人自身的存在，便涉及人我之间。人并非仅仅作为自我而"在"，人的社会性决定了他总是内"在"于社会群体之中。这样，主体之"在"与主体间的"共在"便构成了人存在的二重相关向度。儒家要求成己，并以个体的自我实现为道德涵养的内容，其中包含对个体内在价值的确认。但同时，儒家又强调自我的社会责任及对群体的认同，并往往将群体的价值提到更为重要的地位。相对于儒家，道家更偏重个体的自我认同，而个体的价值也常常被置于群体之上。人我关系或广义的群己关系在本质上总是涉及具体的利益关系，后者进而指向人的感性存在和普遍本质之间的关

① 〔英〕摩尔：《伦理学原理》，长河译，商务印书馆，1983 年，第 9 页。

系。中国哲学中的某些学派(如道家)强调人的生命存在的价值,相对而言,儒家更注重人的理性本质,在这种不同的侧重之后,则展示了不同的价值原则。

儒家对价值关系的理解,内在地肯定了价值确认在道德哲学中的优先性。在儒家伦理思想中,规范系统总是逻辑地以价值的认定为根据;事实上,作为价值认定具体体现的价值原则,往往同时构成行为的范导原则。以天人关系而言,儒家倡导仁道原则,这既内含着对人的价值的肯定,亦意味着待人以仁;它与道家由自然原则引出无为的行为要求形成某种对照。同样,就人我之间而言,相对于道家从确认个体价值而导向追求个体的逍遥而言,儒家更多地由强调群体价值,引出以天下为己任的行为准则。价值原则与行为规范的这种统一,使儒家的道德哲学一开始便不同于单纯的形式化系统。

与价值原则相统一的规范系统,总是与"应当"相联系:它作为当然(当然之则)而为行为提供了选择的根据。与"善"主要展示为价值的认定有所不同,"应当"往往同时关联着义务。在诸多可能的行为中,你"应当"选择此而非其他,常常是因为你有义务如此做。这里已涉及价值认定与义务确认的关系。"善"与"应当"之间的定位有其复杂性,"善"可以成为"应当"的依据,但"善"并不一定无条件地蕴含"应当"。从逻辑关系上看,"应当"似乎与义务有更为切近的联系:如果你承担了某种义务,就"应当"完成义务所规定的各项要求。义务的承担可以表现为明确的承诺,也可以呈现为蕴含的形式:尽管你对某种义务没有明确作出承诺,但作为相关群体中的成员,你同时也承担了该群体的成员应当承担的义务。善作为价值界的规定,具有某种本体论的意义,义务则展开于人与人之间社会关系。如果说善的认定将"应当"与价值界联系起来,那么义务的承担则使"应当"获得了社会人伦的背景;前者赋予"应当"以道德本体论的意义,后者则突出了"应当"的社会性与历史性。

价值与义务、善与应当的关系,同样构成儒家伦理关注的重要问题。善的认定固然回答了何者为善,从而为行为提供了普遍的依据,但它并没有告诉人们为何及如何为善。在儒家伦理中,所谓"应当"既以善的认定为前提,又与义务的承担相联系。相对而言,儒家较少对义务作明确的形式承诺,与关注实际的善相应,他们更为注重现实的社会人伦:对儒家来说,现实的人伦本身便内含和规定了一种义务关系。以亲子关系而言,这是儒家所理解的最基本的人伦,与之相联系的当然之则(规范)则是孝、慈等等。亲子之间固然具有以血缘为纽带的自然之维,但作为家庭等社会关系的产物,它更是一种社会的人伦,一旦个体成为其中的一员,他便应当承担关系所规定的责任与义务。黄宗羲曾明确地指出这一点:"人生坠地,只有父母兄弟,此一段不可解之情,与生俱来,此之谓实,于是而始有仁义之名。"①父母兄弟是人来到世间之后所处的最本然的关系,仁义则是一般的当然之则;在儒家看来,当然之则(规范)正是源于基本的人伦:作为家庭关系中的一员,个体"应当"履行以孝慈等为内容的仁义规范。

可以看到,将义务与人伦联系起来,强调义务蕴含于人伦,构成儒家伦理的重要特点。这种看法注意到义务的现实之维,避免了将其视为抽象的设定。总之,在儒家那里,普遍的规范既以善的认定为前提,又以蕴含的方式涉及义务的承诺,伦理学意义上的"应当"亦相应地表现为价值确认与义务承担的统一。前者规定了行为的善的向度,后者则从现实人伦上为何以当为善提供了依据。

---

① 黄宗羲:《孟子师说》卷四,《黄宗羲全集》第一册,浙江古籍出版社,1985年,第101页。

二

普遍的规范规定了"应当"做什么,但并不能担保人们在行为中实际地遵循这种规范。如何化普遍的规范为人的具体行为? 这里首先当然涉及道德的认识。道德实践中的为善避恶,以善恶的分辨为逻辑前提,而善恶的分辨则表现为一个道德认识(知)的过程。道德认识意义上的"知",虽然不同于事实的认知,但就其以善恶的分辨、人伦关系的把握、规范的理解等为内容而言,似乎亦近于对"是什么"的探讨:以善恶之知而言,知善知恶所解决的,仍不外乎什么是善,什么是恶的问题。从逻辑上看,关于是什么的认识,与应当做什么的行为要求之间并不存在蕴含的关系。如所周知,休谟早已注意到这一点,在他看来,仅仅从"是"之中难以推出"应当"。休谟由此将事实认知与价值评价截然分离,无疑有其问题,因为在善的认定中,已包含认知的内容。不过,即使以价值确认而言,它固然通过肯定什么是善而为行为的规范提供了根据,但懂得什么是善并不意味着作出行善的承诺:在知其善与行其善之间,存在某种逻辑的距离。

如前所述,规范内含着应当,以善的认定为根据,规范无疑涉及善恶的分辨:在肯定何者当为、何者不当为的同时,它也确认了何者为善、何者为恶。然而,规范作为普遍的当然之则,总是具有超越并外在于个体的一面,它固然神圣而崇高,但在外在的形态下,却未必能为个体所自觉接受,并化为个体的具体行为。同时,规范作为普遍的律令,对个体来说往往具有他律的特点,仅仅以规范来约束个体,也使行为难以完全避免他律性。

如何由知其善走向行其善? 如果换一种提问的方式,也就是如何担保普遍的规范在道德实践中的有效性? 这里似乎应当对德性予以特别的关注。人的存在总是要经历一个化天性为德性的过程，德性从一个方面使人由自然意义上的对象成为社会的存在，并进而提升为道德的主体。规范作为普遍的律令，具有无人格的特点，相对于此，德性更多地体现于个体的内在品格。作为内在的道德品格，德性在某种意义上可以看作是规范的内化。通过理性的体认、情感的认同以及自愿的接受，外在的规范逐渐融合于自我的内在道德意识，后者又在道德实践中凝而为稳定的德性。与规范主要表现为社会对个体的外在要求有所不同，德性在行为中往往具体化为个体自身道德意识的内在呼唤。较之规范，德性与个体的存在有着更为切近的联系：它作为知、情、意的统一而凝化于自我的人格，并在本质上呈现为个体存在的内在状态。当行为出于德性时，个体并不表现为对外在社会要求的被动遵从，而是展示为自身的一种存在方式。在德性的形式下，"知当然"与"行当然"开始相互接近：作为同一主体的不同存在状态，"知当然"与"行当然"获得了内在的统一性。

通过化外在规范为内在德性，普遍规范在道德实践中的有效性，显然也获得了某种担保。当然，这并不意味着否定规范的普遍制约作用。社会的凝聚和秩序的维系无疑需要一般的规范，行为要达到最低限度的正当性，也离不开普遍的当然之则。一般的规范既对行为具有普遍的范导意义，又为行为的评价提供了基本的准则，它在道德实践中往往更接近可操作的层面，因而有其不可忽视的意义。同时，德性的形成总是需要经历一个长期的过程，相对于明其规范，成其德性似乎是一种更高的要求；就行为而言，较之对规范的依循，出乎德性无疑是一种更高的、因而更不易达到的境界。由此而视之，遵循规范似乎应当成为基本的、初始的要求。然而，无论从个体抑或社会的角度看，停留于依循外在规范这样一个基本的层面显然是不够的，这不仅在于仅此难以达到完善的道德关系，而且如前所述，当规范仅仅以外在的形式存在时,其现实的作用本身往往缺乏内在的担保。总之,行为的普遍指向与评价的普遍准则离不开一般的规范,而规范的现实有效性又与德性联系在一起。

如前所述,德性并不仅仅表现为正义、节制等特定的德目,它在本质上融合于人的整个存在,并展现于生活实践的各个方面。个体可以在社会结构中承担不同的角色,这种角色是自我的外在呈现。但不管角色如何变换,个体都是同一个我,而德性则构成了自我较为恒常的规定。作为自我恒常的存在状态,德性往往取得了境界的形式。境界不同于具体的行为,但又制约着具体的行为。一般的规范固然提供了行为与评价的普遍原则,但它无法穷尽一切存在境遇,也难以规定行为的一切细则;作为德性表现形式的境界,则使不同境遇中的行为都从属于善的追求。

一般的规范作为外在的行为准则,往往可以成为达到某种目的的手段。当名节等成为崇尚的对象时,依循规范便常常成为获得外在赞誉的工具,历史上的伪道学便表明了这一点。普遍规范在未内化为内在德性时,确乎包含着蜕变为虚伪矫饰的可能。相对于此,德性所追求的是自我的实现,它注重的并不是功利声名等外在的价值,而是内在的善;所谓内在,主要是指它的价值即在其自身,而不在于它可能获得的功利结果。从这方面看,规范与德性的统一无疑亦有助于避免规范本身的虚伪化,维护道德的内在价值。

早期儒家已开始注意到德性在人的存在中的意义。孔子把成人(理想人格的培养)提到了十分重要的地位,以达到完美的人格之境为价值目标。这种人格既表现为内在的德性,又外化为具体的行为过程,而后者总是受到前者的范导。孔子说:"苟志于仁矣,无恶也。"[1]志于

---

[1]　《论语·里仁》。

仁,即追求并确立以仁道为内涵的人格,在孔子看来,一旦做到这一点,那么在日常行为中就可以避免不道德的趋向(无恶)。反之,如果缺乏这种稳定的人格,则往往很难一以贯之地保持行为的善:"不仁者不可以久处约。"①王阳明要求以本体制约功夫,以良知统摄节目时变(在不同时空中分化展开的行为),同样上承了这一思路。

作为道德的自我,每一个体都是特定的历史存在,他所处的社会关系、所面临的环境往往各异,所从事的活动也常常变换不居,带有不可重复的特点。如何使不同境遇中的行为保持统一性或一贯性?逐一的为每种行为规定苛严的细则显然行不通,就道德领域而言,内在的德性和人格无疑有其不可忽视的作用。相对于行为的不可重复性与多变性,主体(行为者)的德性作为实有诸己的真诚人格,具有绵延的统一性(在时间中展开的统一),它使主体在各种境遇中都能保持道德的操守,并进而扬弃行为的偶然性,避免自我在不同情景中的变迁分裂,超越道德与非道德之间的徘徊动荡。孔子对仁和具体行为关系的界定,王阳明对本体和功夫及良知和节目时变等关系的考察,似乎已有见于此。②

儒家伦理的如上思路与康德似乎有所不同。康德在道德之域以实践理性为主要论题,其关注之点更多地指向如何建立普遍的道德秩序。他对道德律令的普遍性之反复强调,并以"不论做什么,总应该作到使你的意志所遵循的准则永远同时能够成为一条普遍的

---

① 《论语·里仁》。

② 当代不少哲学家亦开始对内在德性与行为的关系予以较多的关注,如伯纳德·威廉姆斯便认为,社会的影响往往通过个体的意向而起作用,在此意义上,"社会或伦理生活总是存在于人的内在心理定势(dispositions)中"。(Bernard Williams, *Ethics and the limits of Philosophy*, Cambridge, Mass.: Harvard University Press, 1985, p.201)

立法原理"①作为实践理性的基本法则,都表明了此点。从某种意义上说,康德正是试图以道德法则的普遍性来担保普遍的道德秩序。以此为出发点,康德对个体道德行为的机制较少表现出兴趣,他所说的善良意志,往往是指理性化的意志(与实践理性相通),而善良意志的自我立法,则相应地表现为超验理性向自我颁布律令。可以说,在实践理性之域,康德乃是以形式因为动力因:表现为普遍法则的形式因,同时被理解为动力因。这种推绎固然对普遍的道德秩序何以可能作了有意义的论析,但却既未能对个体的道德行为何以可能作出具体说明,也未能对普遍的规范如何在道德实践中获得有效性作出圆融的阐释。

较之康德之关注普遍的道德秩序,休谟更多地考察了个体的行为机制。与康德确信理性的力量不同,休谟对理性在道德实践中的作用持怀疑的立场。在他看来,道德具有实践的品格,它最终总是落实于具体行为,但理性带有静态的特点,无法影响人的行为:"理性是完全没有主动力的,永远不能阻止或产生任何行为或感情。"作为认识能力,"理性的作用在于发现真或伪"。② 但发现真伪并不必然导向行善(激发道德行为)止恶(抑制不道德的行为),因此,结论便是理性不能成为动力因。休谟正是由此将理性之外的情感提到了突出地位,以此为人的最本源、最真实的存在。在他看来,道德行为应以情感为动力因,理性惟有通过情感才能影响人的行为。③ 换言之,从道

---

① 参见〔德〕康德:《实践理性批判》,关文运译,商务印书馆,1960 年,第30 页。

② 〔英〕休谟:《人性论》,关文运译,郑之骧校,商务印书馆,1980 年,第497—498 页。

③ 参见〔英〕休谟:《人性论》,关文运译,郑之骧校,商务印书馆,1980 年,第503 页。

德原则到道德行为的过渡并非仅仅基于理性之思或理性的形式因，无论就发生抑或过程而言，道德行为都离不开情感等非理性的因素。对道德实践的这种理解，与儒家一系的某些哲学家无疑有相近之处。事实上，儒家所理解的实有诸己的德性（如王阳明的所谓良知），便包含了休谟所说的道德情感。不过，休谟往往不适当地强化了情感等非理性因素的作用。对他来说，善恶等道德区分最终乃是以情感为其依据，道德行为的动因亦可完全还原为经验层面的情感："对我们最为真实、而又使我们最为关心的，就是我们的快乐或不快的情绪；这些情绪如果是赞成德、而不是赞成恶的，那么在指导我们的行为和行动方面来说，就不再需要其他条件了。"①这种看法不免带有某种经验论与非理性主义的色彩，它在注重具体的道德行为机制的同时，似乎使理性规范的普遍制约难以落实。相对于此，儒家在坚持理性原则的前提下将德性理解为知与情意、理性与非理性的统一，显然在某种意义上超越了内在德性与体现理性要求的外在规范之间的对峙。

儒家伦理要求化规范为德性并肯定规范与德性的统一，其逻辑的前提在于，德性与规范均以价值的认定为内在根据。如前所述，规范要求行其所善，而行其所善首先基于对何者为善的确认。儒家以仁道为当然之则，而仁道的根据即在于人具有内在的价值，后者（人有内在价值）便是一种价值的认定。同样，德性在某种意义上可以被视为一种善的品格，此所谓善，亦以价值的认定为根据，形成善的德性，既意味着外在规范内化为个体的品格，又可以理解为按一定的价值原则来塑造自我。不难看到，正是价值的认定赋予规范和德性以内在的统一性：二者本质上指向并沟通于相同的善。从伦理学上看，

①〔英〕休谟：《人性论》，关文运译，郑之骧校，商务印书馆，1980年，第509页。

德性与规范的沟通,一方面以德性担保规范在道德实践中的有效性,从而避免了规范的超验化与抽象化;另一方面又以规范为德性的普遍内容,从而维护了道德行为与道德评价的普遍准则。中国传统伦理的如上思考,对扬弃康德和休谟的片面性,显然提供了有益的启示。

三

德性作为实有诸己的品格,是一种内在的本真之我。但成于内并不意味着封闭于内。人格往往有其外在展现的一面,德性亦总是体现于现实的行为过程。与化外在规范为内在德性相关联的,是化德性为德行。就其现实过程而言,成就德性与成其德行并非彼此隔绝,我们固然可以在逻辑上对二者分别加以考察,但在现实性上,二者统一于同一自我的在世过程。作为内在的人格,德性总是面临着如何确证自身的问题。所谓德性的自证,不仅仅是一种精神上的受用,更需要在德行中确证自身。

德性的外部确证过程,同时就是德性的外化过程。如果德性是真实的,那么它就总是既凝于内,又显于外。德性的外化或对象化并不是一种远离日用常行的过程,化德性为德行也不一定表现为惊天动地之举,相反,它更多地内在于生活世界中的日用常行。道德关系总是展开于社会生活的各个方面,而每一主体又往往处于某种既定的社会环境之中,这种环境常常并不是主体能任意选择的。这样,道德实践必然涉及如下二重关系,即环境的不可选择性与行为的可选择性,而德性的力量即在于:在既定的环境中,不断通过渗入日用常行而使行为获得新的意义,从而达到日用即道之境。

化德性为德行,主要侧重于以德行确证德性。德性与德行的关系当然不限于这一方面。德行属于广义的道德实践,它在确证德性的同时,本身又总是以德性为其内在的根据。如前所述,对象世界林林总总,难以穷尽,人所处的境遇也往往变化不居,如果逐物而迁,滞泥于具体境遇或境遇中的偶言偶行,则往往不仅不胜纷劳,而且难以保持行为的一贯性。唯有立其本体,以德性为导向,才能使主体虽处不同境遇而始终不失其善。作为真诚的人格,德性表现了自我的内在统一,在此意义上,德性为"一",德行则是同一德性在不同社会关系与存在境遇中的多方面展现,故亦可视为"多",这样,以德性统摄德行,亦可说是以一驭多。可以说,正是自我的内在德性,担保了主体行为在趋善这一向度上的统一性。

儒家伦理在要求化规范为德性的同时,并没有忽视德性与德行的关系。成就德性是儒家孜孜以求的道德目标,而德性并不仅仅被理解为内在的精神状态,它总是在实践关系中得到具体的规定,并被赋予某种实践的品格。儒家的知行之辩,亦在相当程度上涉及了德性与德行的关系:与仁知统一的理论构架相联系,所谓知,首先往往指向德性之知,而知与行的互动,则既意味着在习行过程中培养德性,也蕴含着化德性为德行的要求。正是在后一意义上,王阳明强调"以成其德行为务"。在阐释格物致知时,王阳明对此作了具体论述:"若鄙人所谓致知格物者,致吾心之良知于事事物物也。吾心之良知,即所谓天理也。致吾心良知之天理于事事物物,则事事物物皆得其理矣。"①这里的事事物物,主要就道德之域而言,如人与人之间的伦理关系等,格、致则皆涉及道德实践。与事事物物相对的良知,既以天理(普遍的规范)为内容,又融合于吾心(个体的道德意识),因而可以视为实有诸己的内在德性。所谓致吾心之良知于事事物物,也

---

① 王守仁:《传习录中》,《王阳明全集》卷二,上海古籍出版社,1992年,第45页。

就是将道德意识运用于道德实践(化德性为德行),而事事物物皆得其理,则是内在的德性展示并体现于伦常世界。从心与理的关系看,这一过程表现为通过心的外化而建立理性化的道德秩序;就德性与德行的关系言,它则可以看作是德性通过德行而对象化于现实的伦理关系。儒家的如上看法,注意到了内在德性的实践品格,亦肯定了人格对德行的统摄作用。对德性与德行统一性的这种确认,无疑使德性伦理进一步获得了现实的内涵。

如前所述,德行可以看作是完善的道德行为。具体而言,完善的道德行为具有何种品格? 亚里士多德曾从行为主体的角度,提出了德行应当具备的三个基本要素:"第一,他必须是有所知,自觉的;其次,他必须是有意识地选择行为的,而且是为了行为自身而选择的;第三,他必须在行动中,勉力地坚持到底。"[1]第一点体现了理性的要求,后两点则从不同方面涉及了意志的规定:选择表现为意志的自主或专一品格,勉力坚持则体现了意志的坚毅性或意志努力;以上两个方面综合起来,道德行为便表现为自觉与自愿的统一。仅仅肯定行为应出于理性之知,往往容易使理性规范变为外在强制,亚里士多德要求将理性的自觉与意志的自愿结合起来,无疑展示了较为开阔的理论视域。

不过,理性的权衡和意志的选择在某种意义上都是有意而为之。休谟曾区分了两种德性,即人为的德性(artificial virtue)与自然的德性(natural virtue)。人为的特点在于以思想或反省为媒介,亦即有所为而为;自然的特点则是"不经思想或反省的媒介"。[2] 借用休谟的术

---

① 〔古希腊〕亚里士多德:《尼各马科伦理学》,苗力田译,中国社会科学出版社,1990年,第30页。

② 参见〔英〕休谟:《人性论》,关文运译,郑之骧校,商务印书馆,1980年,第三卷。

语,似乎可以说,理性与意志的活动仍带有某种人为的性质。对规范的理性接受和服从,总是经过权衡思考而为之,同样,道德实践中的意志活动,也往往是勉力而为:意志的选择在此意味着主体决定遵循某种规范,意志的努力则表现为自我在行为中坚定地去贯彻这种规范。在人为的形式下,理性对规范的自觉接受与意志对规范的自愿选择确乎有相通之处。

在理性的自觉接受与意志的自愿选择中,行为固然可以取得自我决定的形式,但这种决定往往不免带有勉强的性质,而且如上所述,其所接受、所选择者,仍不外乎一般规范,因而它似乎很难摆脱行为的他律性。如何扬弃行为的他律性?在此显然应对行为的情感维度予以特别的关注。如果对现实的道德实践作一较为完整的分析,便可注意到,除了理性的权衡与意志的选择之外,具体的道德行为总是同时包含着情感认同。相对于理性接受与意志选择的人为倾向,情感认同更多地表现出自然的向度。休谟已对此作了反复的论述:"我们的义务感永远遵循我们情感的普通的、自然的途径。"①即使在道德判断中,也同样渗入了情感之维:"当你断言任何行为或品格是恶的时候,你的意思只是说,由于你的天性的结构,你在思维那种行为或品格的时候就发生一种责备的感觉或情绪。"②换言之,对善恶的情感回应,是一种出于天性的自然过程。休谟对情感的理解当然不免有其经验论的局限,但他肯定情感与自然的联系,却并非毫无所见。就道德行为而言,情感的认同确乎不同于人为的勉强,而具有自然的趋向;正如好好色、恶恶臭总是不假思索一样,道德行为中的好善恶恶往往并非有意为之。这种自然的趋向,使道德中的情感认同

---

① 〔英〕休谟:《人性论》,关文运译,郑之骧校,商务印书馆,1980年,第524页。

② 〔英〕休谟:《人性论》,关文运译,郑之骧校,商务印书馆,1980年,第509页。

表现为自我的真诚要求：见善则内在之情自然契合(恰如好好色)，见恶则内在之情自然拒斥(恰如恶恶臭)，这里没有勉强的服从与人为的矫饰。完善的道德行为总是理性的判断、意志的选择、情感的认同之融合：如果说理性的评判赋予行为以自觉的品格，意志的选择赋予行为以自愿的品格，那么情感的认同则赋予行为以自然的品格。只有当行为不仅自觉自愿，而且同时出乎自然，才能不思而为，不勉而中，并使行为摆脱人为的强制而真正取得自律的形式。德行的如上品格，同时从一个方面展示了主体所达到的一种境界。

在儒家伦理思想中，我们同样可以看到对德行的多重规定。儒家追求道德行为的完善性，其注重之点首先在于行为的自觉品格。孔子从仁知统一的前提出发，肯定合乎仁道的德行，总是同时受理性之知的制约。孟子区分了"由仁义行"与"行仁义"，前者是自觉地遵循仁义等理性的规范，后者只是自发地合乎仁义；在孟子看来，前者是一种更高的行为境界。程朱一系的理学进而强调行为应当本于普遍之理，并以此为道德行为所以可能的条件："人须是穷理，见得这个道理合当用恁地，我自不得不恁地。"[1]合当用恁地即应当如此，由穷理而不得不恁地，意味着道德实践即在于明其当然，依理而行，亦即自觉地遵循普遍的规范。

行为的自愿选择，是儒家关注的另一方面。尽管儒家在总体上更强调行为的自觉之维，但其中的一些代表人物并未因此而完全忽略自愿的选择。孔子肯定"为仁由己"，为仁即对仁道的身体力行(在道德实践中依仁道而行)，由己则是自我的选择。在此，善的行为(为仁)便以主体的自愿选择为特征。同样，王阳明对行为的自愿性质也予以相当的关注，以为行其良知(依良知而行)的过程既是一个"得其

---

[1] 黎靖德编：《朱子语类》卷二十二，中华书局，1986 年，第 515 页。

宜"的过程,又具有"求自慊"的性质。所谓"得其宜"即合乎理性的准则,"自慊"则是由于行为合乎主体意愿而产生的一种愉悦感和满足感。在王阳明看来,行为固然应当得其宜(合乎理性的原则),但不能仅仅将其归结为对外在规范的服从,完美的行为在于"得其宜"与"求自慊"的统一。

较之儒家,道家更为注重行为的自然向度。道家以自然为第一原理,它既表现为一种价值的确认,又对主体的行为具有制约的意义。以法自然为原则,道家要求顺导人的天性,反对以外在的规范对个体作人为的强制,所谓"无以人灭天",便典型地体现了这一趋向。当然,在崇尚自然的同时,道家往往悬置了一切理性的规范,从而常常未能对自然与自发作合理的区分。从道德行为的角度看,儒家早期经典《中庸》的如下论点似乎更值得注意:"诚者不勉而中,不思而得,从容中道,圣人也。"不思不勉,并非完全取消理性的作用,而是指普遍的规范内化于主体的深层意识,成为人的第二天性。人的行为则由此而获得了近乎自然的性质:自然地合乎规范(中道)超越了理性的强制与人为的勉强。

可以看到,儒家伦理从不同的侧面对完善的道德行为作了多方面的规定。尽管历史上的儒学尚未在总体上将道德行为理解为自觉、自愿、自然的统一,但道德行为的这些品格确乎已分别得到具体的考察,它为今天较为全面地把握并深入地理解道德行为提供了值得珍视的思想资源。

伦理学的中心问题是"善何以可能"。走向善的过程以价值的认定为其逻辑的前提,何者为善的价值认定与应当为善的义务承担进而为规范系统的建构提供了根据,行为与评价则由此而获得了普遍的准则,这种准则对道德秩序的建立不可或缺。但当然之则对行为的范导并非仅仅表现为外在的强制,规范在道德实践中的有效性,也非仅仅取决于形式化的程序,它更需要个体德性的担保。与之相联系的是凝道为德(普遍规范内化为个体的德性),如果说规范赋予道德以普遍性向度,那么德性则从一个方面使道德获得了现实性的规定。德性当然并不是封闭于内的抽象品格,作为存在的一种状态,它既需要在道德实践中确证自身,又同时在实践过程中统摄具体行为。德性的外化首先表现为德行,后者既内含了理性的自觉,又关联着意志的选择和情感的认同;从个体的存在看,自觉、自愿与自然的统一体现了主体境界的升华(由对规范的外在依循到从容中道),从主体间的关系看,化德性为德行则赋予道德秩序以现实性的品格(以实践的方式,使应当具有的秩序成为现实的秩序),并使主体间在相近的道德层面彼此沟通。总之,伦理学不能仅仅自限于语义的辨析或形式化的程序,而应当关注现实的善,正是在后一方面,儒家传统伦理蕴含了富有启示意义的思维成果。

附录四

《中庸》释义[①]

原文：

天命之谓性，率性之谓道，修道之谓教。道也者，不可须臾离也，可离非道也。是故君子戒慎乎其所不睹，恐惧乎其所不闻。莫见乎隐，莫显乎微，故君子慎其独也。喜怒哀乐之未发，谓之中；发而皆中节，谓之和。中也者，天下之大本也；和也者，天下之达道也。致中和，天地位焉，万物育焉。

释义：

"命"在此既表示定向，也有动词之义；"天命"犹

---

① 本文曾作为儒家经典的疏解之一，讲授于研究生讨论班，由研究生根据录音记录而成，并经作者校订。这里收入的部分侧重于《中庸》哲学意蕴的诠释和阐发，关于具体字词的注解从略。

言天所赋予。"性"则是某种存在之为某种存在的内在规定,就宽泛意义而言,它既涉及物,也关乎人,这里主要指向后者。"天命之谓性",意味着性作为人之为人的基本规定,是一种天所赋予的定向。此所谓天之所赋,既展现为必然的趋向,也有自然而然之意,它表明,性之为物虽表现为必然定向,但又非外在的强加。在郭店竹简中的《性自命出》篇中,可以看到与《中庸》相近的论述:"性自命出,命自天降。道始于情,情生于性。"对性与情相关性的确认,也从一个方面肯定了性的自然之维。

"率性之谓道"中的"率",有循、顺之意。就成物而言,"率性"意味着顺乎对象的内在规定;就成己而言,"率性"则表明德性的培养以人性为内在根据。"道"既指普遍的法则,也隐喻人当循之正道,后者即朱熹所谓"当行之路"①。从人的发展看,合乎内在之性,被同时理解为人的正当之道。性作为天之所赋,包含自然之维,道作为"当行之路",属当然,在这里,"率性之谓道"既肯定天性与德性的联系,也沟通了自然与当然。

"修道"之"修",有"治"之意,引申而言,"修道"意味着通过言和行,将当然提升为自觉的规范系统。以此引导人,则这种规范系统及引导方式,便获得了"教"的意义。"率性之谓道"侧重于顺乎人的本然之性,"修道之谓教"则强调自觉的引导作用。这里涉及内在根据与普遍规范、自发与自觉等关系:过分的"率性"可能使行为导向自发,仅仅强调"修道"则往往会扭曲人的内在之性,"率性"与"修道"的统一,既以内在根据扬弃对人性的外在强制和扭曲,又通过普遍规范的引导,以避免行为的自发趋向。

与"性"相联系的"道"既本于天命,从而表现为必然,又涉及人的

---

① 朱熹:《中庸章句集注》。

行为方式(当行之路),从而表现为当然。作为必然与当然的统一,道具有普遍的品格,所谓"道也者,不可须臾离也",侧重的首先是这种普遍性:道无时不在。从更深沉的方面看,这里同时又肯定了道与人的相关性:道之不可须臾离,表明道的意义唯有对人才呈现。如果说道的普遍品格突出了道对人的行为具有普遍的制约性,那么道与人的相关性,则从道的呈现方式上,肯定了道的意义与人的存在之联系,"可离非道也",同时包含以上二重含义。

人的存在同时涉及可见与不可见、隐与显等问题。隐与显在广义上包含本体论的意义,表示对象的不同呈现方式,本章所说的见(现)与隐、微与显等,主要与人在社会中的存在相关。隐、微即在众人的视野之外(未为人所睹,他人所不可见);现与显,即彰显于外,可见可睹。人在日常生活中并非总是处于他人的视线之下,相反,个人往往在相对意义上"独"处,在这种独处中,他人的目光、社会的舆论都似乎缺席,个人的行为也仿佛"隐"而不"显"。然而,从道不离人的角度看,即使处于他人的视野之外,道依然存在,行为不管如何"隐"或"微",都要放在道之前加以评判,从而无法离开道的制约。可以说,以道观之,行为虽隐而显,虽微而著;"莫见乎隐,莫显乎微",便是就此而言。道的制约既然并不因为他人目光的消隐而消隐,因而人在任何时候都不能忘却"戒慎""恐惧"。然而,当个人独处时,由于他人的视野暂时无法达到,公众舆论的压力也不复存在,如何使所作所为合乎道,便成为尤为紧要也格外困难的问题,所谓"君子慎其独",强调的便是这一点。类似的观念在《大学》中亦可看到。

作为现实的存在,人之性与人之情彼此相关,前引《性自命出》篇已肯定了这一点。情的基本表现形态便是喜怒哀乐,所谓未发,则指情的本然形态。情的本然形态不存在过与不及的问题:在未发的形态下,情以不偏不倚("中")为其潜在规定。当情由潜在形态呈现为现实形态(发)时,便具有不同的表现形式,唯有合乎一般规范(中节),才获得统一、适当的性质("和")。在此,《中庸》通过区分情的不同形态,着重突出了"中"与"和"。如上所述,与未发相联系的"中",主要表现为存在的本然形态,在引申的意义上,它所表示的首先是存在的根据:作为现实的存在,天下万物呈现统一的形态,这种形态以"中"为本,所谓"中也者,天下之大本也"便指出了这一点。相对于本然之"中",此处之"和"更多地与人的存在过程相关,它意味着通过人自身的努力而达到存在过程(包括人的情感、意识)的协调、统一,所谓"和也者,天下之达道也"已包含以上寓意:"大本"涉及的是存在的本然形态,相形之下,"达道"则体现于人的实践过程,展示了应当如何的方式或途径(当行之路),在"大本"与"达道"的相互关联之后,是本然与当然的统一,而"中"与"和"则既体现了存在的原理,又展示了价值的原则。一旦"中"与"和"真正得到体现("致中和"),则一方面,天地间的一切便能各得其所,世界也将由此获得内在的秩序("天地位"),另一方面,万物也可各顺其性,得到多样的发展("万物育")。

要而言之,以"性"与"道"的辨析为出发点,《中庸》既肯定了天道与人道、天性与人性的统一,又联结了本然与当然,而内在于其中的基本视域,则是本体论与价值论的统一。

原文:

仲尼曰:"君子中庸,小人反中庸。君子之中庸也,君子而时中;小人之中庸也,小人而无忌惮也。"

子曰:"中庸其至矣乎!民鲜能久矣!"

子曰:"道之不行也,我知之矣,知者过之,愚者不及也;道之不明也,我知之矣,贤者过之,不肖者不及也。人莫不饮食也,鲜能知味也。"

　　子曰:"道其不行矣夫!"

　　子曰:"舜其大知也与! 舜好问而好察迩言,隐恶而扬善,执其两端,用其中于民,其斯以为舜乎!"

　　子曰:"人皆曰'予知',驱而纳诸罟擭陷阱之中,而莫之知辟也。人皆曰'予知',择乎中庸而不能期月守也。"

　　子曰:"回之为人也,择乎中庸,得一善,则拳拳服膺而弗失之矣。"

　　子曰:"天下国家可均也,爵禄可辞也,白刃可蹈也,中庸不可能也。"

释义:

　　以上数章通过引孔子之语,对中庸的思想作了阐述。所引孔子语是否为孔子的原话,当然可以进一步考察,不过,其中的一些观念在《论语》中确乎可以看到。

　　何为中庸? 郑玄曾提出两种看法: 其一,"名曰中庸者,以其记中和之为用也。庸,用也"①;其二,"庸,常也,用中为常,道也"②。二者既有相通之处,又存在某些差异。从实质的方面看,中庸首先体现于"中","中"的基本内涵则如前述,表现为不偏不倚,无过无不及,与之相联系的"庸",则既指日用常行,也指"中"的原则之运用。朱熹已指出这一点:"中者,无过无不及之名也。庸,平常也。"③"中庸者,不偏不倚,无过不及而平常之理。"④郑玄的以上解释,也包含了类似的含义。总起来,所谓中庸也就是在日用常行中循中和之道而行。与之

---

①　参见陆德明:《经典释文》所引郑玄《三礼目录》。
②　郑玄:《礼记注·中庸》。
③　朱熹:《论语章句集注·雍也》。
④　朱熹:《中庸章句集注》。

相对,"知者过之,愚者不及也""贤者过之,不肖者不及也"作为道之不行、不明的根源,则表现为对中庸原则的背离。

以不偏不倚、无过无不及为内容,中庸无疑涉及"量"的规定。从"量"的角度看,"中"意味着把握中点,如达到与两端等距离的中间之点,所谓"执其两端"而"用其中",便多少关乎这一方面。然而,作为普遍、平常之理,"中"并不仅仅限于量的层面,毋宁说,在更实质的意义上,"中"所内含的是"度"的原则和观念。从"度"的方面看,"中"便不仅仅表现为数量关系上的等量或无偏无倚,而是与具体的境遇、背景、场合相联系的最适宜状态。在单纯的数量关系上,在两端之中偏向某一端便非"中",然而,在某种情况下,偏向某一端恰恰为保持中道所必需,中医的辨证施治,对体质寒者用药偏温,对体质温者用药偏凉,便体现了这一点,这里的"中",已非简单地在量上各取其半或截其中端,而是表现为根据对象的具体情况,保持适当的度。

不难看到,上述意义上的"中庸",与具体的条件无法分离,《中庸》将"时中"与中庸联系起来,无疑也注意到这一点。"时"涉及特定的情景、具体的条件,"中"则是对这种情景、条件的适合,"时"与"中"相结合,便表现为在一定的境遇下选择适合这种境遇的行为方式。这里有两点尤为值得注意:其一,《中庸》将"中"与人的现实活动联系起来,把它具体地理解为实践的原则和方式,郑玄将"庸"解释为"用",无疑也注意到这一点;其二,《中庸》将"时"的观念引入"中"的论域,由此展开对"中"的进一步讨论。"时"的观念既确认了条件性,又涉及历史性和过程性,"中庸"与"时中"的联系,使中庸不再表现为一种僵硬、划一的模式,而是呈现出具体的、历史的品格。

《中庸》同时把是否达到中庸作为区分小人与君子的标准。君子的特点在于合乎中庸,从而行为张弛有度,"小人"则好走极端,从而偏而无度。根据前后文意及逻辑关系,"小人之中庸也,小人而无忌惮也"中的"之"后,应有一"反"字,朱熹也指出了这一点,"小人"正因为"反中庸",故行为每每肆无忌惮。"反中庸"与"反时中"又彼此联系在一起,小人的特点即表现为由反"中(度)"而无视"时",罔顾时间、背景的具体变化,我行我素,无所忌惮。与之相对,从舜到颜回,圣贤都以合乎中庸为原则。以舜而言,他主要在政治实践的过程中达到了这一点,"好问"和"察言"表明舜善于倾听和分析不同的意见,这也是一种"中"的态度,即兼听各方面的意见,避免偏向一极。"执两端"意味着扬弃片面性,它与"过"和"不及"同样形成一种对照。这是从政治实践的角度来考察中庸。在这里中庸与反中庸构成了圣凡之别。

作为人道之域的行为原则,中庸以"度"的观念为内在核心,以条件性和历史性为关注之点,从而既不同于单纯数量关系上的中点,也有别于抽象、不变的公式。达到中庸的境界并不只是意志力、能力的问题,更需要一种实践的智慧。中庸的以上品格,往往使人们对它的真正理解、接受、运用变得不甚容易,所谓"天下国家可均也,爵禄可辞也,白刃可蹈也,中庸不可能也",便具体地表明了中庸原则推行的这种艰难。

原文:

子路问强。子曰:"南方之强与?北方之强与?抑而强与?宽柔以教,不报无道,南方之强也,君子居之。衽金革,死而不厌,北方之强也,而强者居之。故君子和而不流,强哉矫!中立而不倚,强哉矫!国有道,不变塞焉,强哉矫!国无道,至死不变,强哉矫!"

释义:

这一章首先区分了以宽容待人的南方之强与勇武无畏的北方之

强。前者表现为柔弱之强,后者则是刚猛之强。这里实际上借强弱的问题来谈中庸的具体表现形态,肯定强柔之间应该保持适当之度,所谓刚以柔之,柔以刚之。南方之强与北方之强都有所偏,从而尚未达到完全意义上的强。在《中庸》看来,真正的坚强有力,体现在与人和谐相处而又不随波逐流,合乎中道而无偏无倚,不管处于何种社会状况(有道或无道),都始终保持自己的操守。在此,中庸既表现为对适当之度的把握,又不同于无原则的乡愿。

原文:

子曰:"素隐行怪,后世有述焉,吾弗为之矣。君子遵道而行,半途而废,吾弗能已矣。君子依乎中庸,遁世不见知而不悔,唯圣者能之。"

释义:

这里作者批评了"素隐行怪"。"素",朱熹认为按《汉书》,当作"索",《汉书·艺文志》引孔子语,确作"索"。郑玄在《礼记注·中庸》中则认为,"素"当读为"傃","傃"则有向往之意。这两种理解究竟何者更合乎原文,也许有待进一步的研究。不过,二者解读虽不同,但有一点却相通,即"素"无论为"索"(求索),抑或为"傃"(向往),都包含追求、指向之意。"隐"有诡秘不能公开之意,"索隐"或"傃隐",亦即以秘而不能公开之"言"或"行"为指向;"怪"有怪异、反常之意,"行怪"亦即行为不合常理。无论是一味探求隐秘之事,抑或悖乎日常行为原则,都与中庸的观念相违:如上所述,中庸既意味着不偏于一端,也要求不离日用常行。从正面看,这里强调了两点:其一,日用即道,不应远离日常的生活而热衷于隐秘怪异之言和行,理想的追求即内在于日用常行之中,后面"极高明而道中庸",进一步阐发和强调了这一点;其二,行道应始终不渝,半途而废往往并不是能力不够,而是缺乏行道的真正意愿。君子的特点在于能选择中庸的原则,而始终坚持,即使不为人知也不感到遗憾,则是一种更高的境界(圣人之境)。

原文:

君子之道费而隐。夫妇之愚,可以与知焉,及其至也,虽圣人亦有所不知焉;夫妇之不肖,可以能行焉,及其至也,虽圣人亦有所不能焉。天地之大也,人犹有所憾。故君子语大,天下莫能载焉;语小,天下莫能破焉。《诗》云:"鸢飞戾天,鱼跃于渊。"言其上下察也。君子之道,造端乎夫妇;及其至也,察乎天地。

释义:

这里的"道",表现为广义的当然与必然的统一,它既涉及价值理想,又有规范的意义。作为普通人(夫妇)都可以理解的原理,道首先体现于日常之域,但又不限于此:它一方面展开于日用常行,另一方面又超越日常存在,既有现实性又有超越性,既广大(费)又精微(隐)。对《中庸》而言,终极意义的道并非游离于日常的存在之外,前文提及的"道也者,不可须臾离也,可离非道也"已蕴含此意;"君子之道,造端乎夫妇"则进一步强调了这一点。另一方面,道又包含丰富、深沉的内容,仅仅停留在日常的生活实践,往往难以达到对道的深刻体认;所谓"及其至也,虽圣人亦有所不知焉",便肯定了这一点。总之,日用常行与形上之道,日常存在与终极关怀,不可截然分离。

原文:

子曰:"道不远人。人之为道而远人,不可以为道。《诗》云:'伐柯伐柯,其则不远。'执柯以伐柯,睨而视之,犹以为远。故君子以人治人,改而止。忠恕违道不远,施诸己而不愿,亦勿施于人。君子之道四,丘未能一焉:所求乎子,以事父,未能也;所求乎臣,以事君,未能也;所求乎弟,以事兄,未能也;所求乎朋友,先施之,未能也。庸德之行,庸言之谨,有所不足,不敢不勉,有余不敢尽。言顾行,行顾言,君子胡不慥慥尔!"

释义:

本章通过引用孔子之语,对上一章的思想做了进一步的阐述。"道不远人"之道,首先涉及当然,作为普遍的价值理想和规范系统,道一方面源于人的生活实践,另一方面又无时、无处不引导人的行为;这样,无论是其来源,抑或其现实作用,道都并不远离人。后面引《诗经》,旨在说明同一道理:伐木作柄,其则即在所执之柄,所效之则,即在手边。同样,治人之道,便源于所治对象(人本身)。"忠恕"的原则,从另一个方面体现了道不远人。"忠"即"己欲立而立人,己欲达而达人","恕"则指"己所不欲,勿施与人",二者都涉及推己及人,而推己及人的前提,则是己与人属同一群体,具有相通之心(人同此心)。存在形态、生活样式、理想追求的相通性,使"忠恕"等普遍之道的形成、作用成为可能,而从另一方面看,道与人共同生活的这种联系,也使之难以与人分离。君子之道旨在建立一种和谐的秩序,这种秩序体现了现实性与历史性的统一,日常生活之道与终极之道的关联。"君子之道四"涉及父子、君臣、兄弟、朋友等基本的人伦,它表明,道内含的规范不是形式化的、抽象的东西,而是体现于生活的各个方面,有着十分具体的内容。广而言之,日常的言行(庸言庸行),处处关乎普遍之道(涉及是否合乎道的问题),因此要谨慎对待,勉力去做。道既广大又精微,求道、合乎道的过程也永无止境。本章结尾的这些论述从庸言庸行的角度,强调普遍之道要求人们始终如一地去实践,而这种求道、行道的过程既内在于日用常行,又具有超越性。

原文:

君子素其位而行,不愿乎其外。素富贵,行乎富贵;素贫贱,行乎贫贱;素夷狄,行乎夷狄;素患难,行乎患难;君子无入而不自得焉。在上位不陵下,在下位不援上,正己而不求于人,则无怨。上不怨天,下不尤人。故君子居易以俟命,小人行险以徼幸。子曰:"射有似乎君子,失诸正鹄,反求诸其身。"

释义:

本章首先强调每一个社会成员都要各处其位,安于自身的境遇、社会身份,不存彼此越界之念。在《中庸》看来,每一个体在社会结构中都有特定的社会位置,每一特定的社会角色都有相应的义务,个体的职责就是承担这种义务,不试图改变自己的特定地位和角色,以此保证社会的秩序以及社会的有序运行。《中庸》以各安其位作为社会有序性的担保,与荀子的看法有相近之处。在一定的历史条件下,等级结构与社会秩序之间确乎也存在相关性。不过,过分强调"素其位而行,不愿乎其外",无疑容易导致人满足于现状、不思进取,从而抑制人的创造性。这里似乎也涉及日用常行与道的追求之间的"度":相对于"道"的理想之维,日用常行更多地呈现当下性、既成性的特点,对前者(日用常行)的不适当侧重,也相应地容易偏向求稳守成。当然,"在上位不陵下"多少表达了作者对在下者最基本的权利的尊重。就自我而言,"上不怨天,下不尤人"固然有消极的意义,但也肯定了自我的自主性及责任意识:对行为的结果,不能仅仅从外部寻找其根源,而应充分关注自我本身的作用。需要注意的是,"俟命"强调听天由命,"不怨天,不尤人"则如上述,确认了自我的作用,二者之间似乎存在某种张力,但实际上以上论点有不同的侧重:"俟命"主要是着眼于维系社会安定这一角度,强调的是外在的境遇非个人所能任意改变,个人应安于其位;"不怨天,不尤人"则是就个体在社会人伦中的具体行为而言,是否按当然之则去行动,主要取决于个体自身。这里同样存在是否合乎中道的问题:过分"俟命"就会走向宿命论,过分强化个人的作用,就会出现"小人行险以侥幸"的现象,甚而不择手段地去达到个人的目的。总之,以上两个方面不能偏于一端。

原文:

君子之道,辟如行远必自迩,辟如登高必自卑。《诗》曰:"妻子好合,如鼓瑟琴。兄弟既翕,和乐且耽。宜尔室家,乐尔妻帑。"子曰:"父母其顺矣乎!"

释义:

本章对道与人的关系作了进一步的论述,肯定明道与行道需要从切近处入手。对人而言,家庭关系是一种最基本的人伦,它同时构成了行道的切近入手处。后面以音乐的演奏(鼓瑟琴),来说明家庭人伦是差异性的和谐统一。音乐是在时间中展开的统一的系统,表现为一种动态的和谐性,《中庸》以此来隐喻人与人之间的关系。各个个体都有差异性,但通过个体间的彼此尊重、沟通,仍然可以达到人与人之间的和谐统一,这就如同音乐的音符虽各不相同,却可以形成和谐的乐章。不难看到,这里从一个方面体现了"中"与"和"的思想。

原文：

子曰："鬼神之为德，其盛矣乎！视之而弗见，听之而弗闻，体物而不可遗。使天下之人齐明盛服，以承祭祀。洋洋乎！如在其上，如在其左右。《诗》曰：'神之格思，不可度思！矧可射思！'夫微之显，诚之不可掩如此夫！"

释义：

作为宗教领域的存在，鬼神可以从人格化层面来界说，也可以从其精神力量的维度加以理解。《中庸》主要侧重后者。从精神力量及其影响方面看，鬼神不具有感性的形态，也不能以见、闻等感性的方式来把握，从而不同于人格化的存在；所谓"视之而弗见，听之而弗闻"，便表明鬼神的以上品格。在《中庸》看来，鬼神虽无可感形态，却具有普遍的影响，这种影响与祭祀活动相联系。通过人的祭祀活动，"鬼神"展示了无形的作用和力量，使人形成敬畏之感。不过，鬼神的影响虽然隐而无形，却并非超然于人的日常生活，相反，它具体地体现于现实存在，亦即"体物而不可遗"，与之相联系，鬼神不再仅仅表现为超验之物，而是同时内在于现实，所谓"微之显"也暗示了这一点。《中庸》所理解之鬼神的以上品格，与前述之"道"似有相通之处，二者的共同特点是都包含隐与显、超越性与内在性的统一。

这里同时涉及祭祀的意义。从现实的层面看，祭祀体现了儒家"慎终追远"的观念，包含着对前人的缅怀，对文化的历史承继的关注，其中既有个体情感的寄托，又有对类的历史文化延续的注重以及对影响人类生活的各种力量的敬畏。《中庸》的以上思想固然未完全摆脱早期的宗教观念，但与注重日用常行相应，其中又体现了对现实人生的关切。

原文：

子曰："舜其大孝也与！德为圣人，尊为天子，富有四海之内。宗庙飨之，子孙保之。故大德必得其位，必得其禄，必得其名，必得其寿。故天之生物，必因其材而笃焉。故栽者培之，倾者覆之。《诗》曰：'嘉乐君子，宪宪令德。宜民宜人，受禄于天。保佑命之，自天申之。'故大德者必受命。"

释义：

本章通过对舜的赞美，论述了内在德性与政治地位、社会名声等现实境遇的关系。从形式的层面看，这里似乎主要肯定了"大德必得其位"，亦即内在的德性可以获得现实的回报，但从实质的方面看，则主要强调了社会的境遇、名声、功业的成就，需要以德性的提升为其前提，换言之，境遇、名声、功业都要由德性来担保：在德性与名声、功业之间，前者是更为主导的方面。

本章同时涉及对孝的理解：通过对舜的评价，《中庸》将形成大德并有其位、其名等视为"大孝"的体现，这表明，《中庸》所理解的孝并不仅仅限于亲子之间的直接关系，而是具有多方面的社会内容。

原文：

子曰："无忧者，其惟文王乎！以王季为父，以武王为子，父作之，子述之。武王缵大王、王季、文王之绪，壹戎衣而有天下，身不失天下之显名。尊为天子，富有四海之内，宗庙飨之，子孙保之。武王末受命。周公成文、武之德，追王大王、王季，上祀先公以天子之礼。斯礼也，达乎诸侯、大夫，及士、庶人。父为大夫，子为士，葬以大夫，祭以士。父为士，子为大夫，葬以士，祭以大夫。期之丧，达乎大夫。三年之丧，达乎天子。父母之丧，无贵贱，一也。"

释义：

以文王、武文、周公为例，说明政治、文化事业的历史承继性、延续性，在这一过程中，继承（述）与创造（作）都不可或缺，换言之，历史的绵延发展，是通过前人与后人之间继承与创造的统一而实现的。这里还谈到了战争的问题，对于战争作者并不一概反对，所谓武王"壹戎衣而有天下"，便包含着对武王伐殷的肯定。就历史人物的评价而言，作者对周公的历史作用给予了充分的肯定，尤其是对周公在制礼过程中的贡献，更是甚为推崇。此处具体介绍的内容虽为与孝相联系的葬、祭之礼（孝体现于生时养之以礼、死时葬之以礼等），但礼的意义显然不限于此。礼强调的是秩序，它通过规定不同等级的人的行为方式等而体现出来，对礼的注重也包含对秩序的注重。

原文：

子曰："武王、周公，其达孝矣乎！夫孝者，善继人之志，善述人之事者也。春秋修其祖庙，陈其宗器，设其裳衣，荐其时食。宗庙之礼，所以序昭穆也。序爵，所以辨贵贱也。序事，所以辨贤也。旅酬，下为上，所以逮贱也。燕毛，所以序齿也。践其位，行其礼，奏其乐，敬其所尊，爱其所亲，事死如事生，事亡如事存，孝之至也。郊社之礼，所以事上帝也。宗庙之礼，所以祀乎其先也。明乎郊社之礼、禘尝之义，治国其如示诸掌乎！"

释义：

上章论及历史人物承先启后的作用，这一章从文化的前后相继具体阐述孝的意义，以"善继人之志，善述人之事"界定孝。前一章主要从宗教与伦常的角度谈孝，这里对孝的意义进一步作了历史的提升：孝的终极意义就在于继承、拓展前人开创的事业。对孝的这一理解超越了个体伦常之域,赋予它以更广的历史内涵。这一层面的含义,也是儒家非常重视的方面,《论语》中已涉及孝与文化传承之间的关系,但尚不十分明确。这一章再一次论及祭祀的问题,并从这一角度对礼制作了论述。祭祀过程的行为之序,是礼的重要体现。从个人伦理角度着眼,祭祀之礼体现了情感的寄托;从国家政治层面看,祭祀之礼则通过祖述先人而体现对政统的合法继承。宽泛而言,祭祀有祭天与祭祖之分,祭天是以超验的方式对现实统治的根据加以确认,所谓"郊社之礼,所以事上帝也"所着重的便是这一方面;祭祖体现了对家庭伦常传承关系的肯定,所谓"宗庙之礼,所以祀乎其先也"便表明了这一点。从治天下的层面看,确认政治统治的超验根据与注重现实的社会伦理关系必须并重。这里所展示的,是伦理、政治、宗教之间的交错与互渗。

原文:

　　哀公问政。子曰:"文、武之政,布在方策。其人存,则其政举;其人亡,则其政息。人道敏政,地道敏树。夫政也者,蒲卢也。故为政在人,取人以身,修身以道,修道以仁。仁者,人也,亲亲为大;义者,宜也,尊贤为大。亲亲之杀,尊贤之等,礼所生也。在下位不获乎上,民不可得而治矣! 故君子不可以不修身;思修身,不可以不事亲;思事亲,不可以不知人;思知人,不可以不知天。天下之达道五,所以行之者三。曰:君臣也,父子也,夫妇也,昆弟也,朋友之交也,五者天下之达道也。知,仁,勇,三者天下之达德也,所以行之者一也。或生而知之,或学而知之,或困而知之;及其知之,一也。或安而行之,或利而行之,或勉强而行之;及其成功,一也。"

释义:

　　本章所讨论的是政治生活中的具体原则。作者着重强调了政治实践中人的作用。文武之政的关键在人,这里的人首先是指统治者或政治领袖,作者把统治者个人的品格放在突出的位置,强调政治的运作与个人的修养无法分离。治国先治人,欲治人则先修身,亦即从自己做起。修身以治国,这是儒家反复强调的政治原则,从孔子的修己以安人到《大学》的修身、齐家、治国、平天下,都体现了这一点。不过,《中庸》同时肯定政治生活不仅要依靠政治家个人的品格,如仁德等,而且离不开礼的作用。仁以爱人为内涵,而爱又有差等,后者便涉及礼,所谓"亲亲之杀,尊贤之等"便体现了礼的秩序性("礼所生也")。从而,"礼"在政治生活中也不可忽视。

在近代以来的各种政治设计中,形式化、技术化、程序化的规定往往成为主要指向,而人的德性、品格等方面,在政治体制中常常难以获得适当的定位。直到当代的罗尔斯、哈贝马斯等,仍将人格修养等问题置于公共领域之外,很少从社会政治生活的合理组织等角度讨论这一类问题。就本体论的层面而言,上述思维趋向显然未能注意到人的存在的多方面性。按其现实形态,人既是政治法制关系中的存在,也有其道德的面向,作为人的存在的相关方面,这些规定并非彼此悬隔,而是相互交错、融合,并展开于人的同一存在过程。本体论上的这种存在方式,决定了人的政治生活和道德生活不能截然分离。从制度本身的运作来看,它固然涉及非人格的形式化结构,但同时在其运作过程中也包含着人的参与,作为参与的主体,人自身的品格、德性等总是处处影响着参与的过程。在此意义上,体制组织的合理运作既有其形式化的、程序性的前提,也需要道德的担保和制衡;离开了道德等因素的制约,社会生活的理性化只能在技术或工具层面得到实现,从而难以避免片面性。从以上背景看,《中庸》对内在人格与外在之礼的双重关注,无疑有其值得注意之点。

从修身出发,《中庸》进而引出事亲、知人、知天。"身"与个体相联系，"亲"涉及家庭伦常，"人"是更广意义上类（作为类的存在），"天"则表现为形上之域的存在。在形式的层面上，这里展开为由修身而事亲、由事亲而知人、由知人而知天的过程，但在实质的意义上，则是修身本于事亲，事亲本于知人，知人本于知天，后一推论既将个体放在类的视域之中，又以"天"为社会伦常及德性培养的形上根据。这里所说的五"达道"，以君臣、父子、夫妇、兄弟、朋友等基本的人伦关系为内容，可以看作是上文"知人"的展开。三"达德"则是处理以上基本人伦关系的内在德性，其中，"知"（智）是理性的品格，"仁"体现了仁道的原则，"勇"则表现为意志的力量，而作为德性的不同体现，理性、仁道、意志的品格具有内在的统一性。就个人的认识过程而言，对人与天的理解往往有不同的方式，生而知之侧重于涉及个体潜能的自我体悟，学而知之更多地与他人的引导、启示相联系（"学"同时表现为接受教育的过程），困而知之则主要基于生活过程的实际经历，途径和方式虽不同，但所知的对象及理解的内容则相通。同样，实践的过程也有个体的差异，但在合乎人伦原则等方面，则是一致的。

原文：

子曰："好学近乎知，力行近乎仁，知耻近乎勇。知斯三者，则知所以修身；知所以修身，则知所以治人；知所以治人，则知所以治天下国家矣。凡为天下国家有九经，曰：修身也，尊贤也，亲亲也，敬大臣也，体群臣也，子庶民也，来百工也，柔远人也，怀诸侯也。修身则道立，尊贤则不惑，亲亲则诸父昆弟不怨，敬大臣则不眩，体群臣则士之报礼重，子庶民则百姓劝，来百工则财用足，柔远人则四方归之，怀诸侯则天下畏之。齐明盛服，非礼不动，所以修身也；去谗远色，贱货而贵德，所以劝贤也；尊其位，重其禄，同其好恶，所以劝亲亲也；官盛任使,所以劝大臣也;忠信重禄,所以劝士也。时使薄敛,所以劝百姓也;日省月试,既禀称事,所以劝百工也;送往迎来,嘉善而矜不能,所以柔远人也;继绝世,举废国,治乱持危,朝聘以时,厚往而薄来,所以怀诸侯也。凡为天下国家有九经,所以行之者一也。"

释义:

这一段引孔子之语,进一步强调了个人品格修养在政治生活中的作用。就品格而言,好学既与知识的积累相联系,又以理性能力的提升为内容,故近于知(智);这里的力行以善为指向,故近乎仁;知耻意味着敢于坦诚直面、自觉反省自我之过,故近于勇。以上三个方面同时构成修身的重要内容,而修身又被规定为治国平天下前提条件。这里所说的"九经"就是治理天下的不同方略,它同样以修身为出发点,具体包括尊贤、亲亲、敬大臣、体群臣、子庶民、来百工、柔远人、怀诸侯等项,其中涉及父子之间、君臣之间、君民之间、邦国之间的伦理、政治关系。处理这些关系的原则、方式,则既关乎形式层面的礼制,如"送往迎来""朝聘以时"等,体现了礼制的要求(来而不往非礼也),又渗入了人与人之间的价值认同和情感沟通,如"贱货而贵德""同其好恶"体现了这种认同和沟通。《中庸》的这些看法,可以看作是对内在人格与外在之礼双重关注的进一步引申。

原文:

凡事豫则立,不豫则废。言前定则不跲,事前定则不困,行前定则不疚,道前定则不穷。在下位,不获乎上,民不可得而治矣;获乎上有道,不信乎朋友,不获乎上矣;信乎朋友有道,不顺乎亲,不信乎朋友矣;顺乎亲有道,反诸身不诚,不顺乎亲矣;诚身有道,不明乎善,不诚乎身矣。诚者,天之道也;诚之者,人之道也。诚者,不勉而中,不思而得,从容中道,圣人也。诚之者,择善而固执之者也。

释义:

　　本章首先肯定了实践过程中预先准备("豫")的重要性。这种准备既涉及外在的条件,也包括观念的层面(如计划的制订、方案的构想等等)。按《中庸》的理解,预先的准备情况直接关系到事之成败,从言说到日常的处事、活动、行路(道路的选择),概莫能外。这可以看作是生活实践经验的总结。作者在前面一再提到,治国平天下的前提是处理好人与人之间的各种关系,这里则进一步从政治、伦理等层面加以分析。地位的上下,是政治生活中的关系,在《中庸》看来,上下之间关系的协调,内在地牵涉朋友、亲子等关系,这里的基本思路仍是伦理关系与政治关系、伦理生活与政治生活无法彼此相分。事实上,对儒家而言,作为人的存在的相关方面,伦理关系与政治关系具有内在的联系;同样,作为人的实践的相关领域,政治生活与伦理生活也非相互分离。仁与礼、内在人格与外在规范的统一,事实上已从一个方面具体确认了以上统一,而由政治关系到伦理关系的层层推论,则可以看作是同一观念的展开。

　　由确认政治关系与伦理关系之间的相关性,《中庸》进而引出"诚"的观念:对政治、伦常关系的处理,最终建立在"诚"基础之上。"诚"在这里既涉及天道,又关联人道("诚者,天之道也;诚之者,人之道也"):作为天道的"诚"具有实在的意义,指万事万物本然的、真实的状态;作为人道的"诚"则既表现为人的存在形态,也呈现为价值层面的规范,具有引导和塑造人自身的意义。从以上方面看,"诚"内在地体现了存在与价值、实然与当然的统一。就个体而言,一旦达到"诚",便意味着形成了真实的内在德性,其行为也将超越勉强,能够自然地合乎规范。这里所说的"不勉而中,不思而得",既包含了自觉,从而不同于自发的行为,也超越了自觉,从而区别于单纯地有意为之。"从容中道"则以普遍的规范化为人的真诚品格为前提:此时内在的德性已如同人的第二天性,出于真诚德性的行为也超越了人为的依循和努力,表现为自然为善。这是一种扬弃了自发与自觉之后达到的更高境界,《中庸》将其视为圣人之境。作为存在形态与内在品格的统一,"诚"既有本体论的意义,也包含价值论的内涵。

原文:

　　博学之,审问之,慎思之,明辨之,笃行之。有弗学,学之弗能,弗措也;有弗问,问之弗知,弗措也;有弗思,思之弗得,弗措也;有弗辨,辨之弗明,弗措也;有弗行,行之弗笃,弗措也。人一能之己百之,人十能之己千之。果能此道矣,虽愚必明,虽柔必强。

释义:

　　本章具体讨论了为学功夫问题。这里提到了博学、审问、慎思、明辨、笃行五个方面,其间包含着内在的逻辑关系。"学"以接受已有知识为指向,"博学"意味着积累与扩展知识经验,它构成了进一步认识的出发点;"问"是探求的过程,"审问"蕴含善于提出疑问、避免盲目信从等内容;"思"是在学与问的基础上的自觉反思,"慎思"包含着思维严密性的要求;"辨"涉及观念的澄清以及不同个体之间的讨论、辨析,"明辨"包括分辨、界定是与非;"行"是实践,"笃行"意味着在认识之后切实地去付诸实践。在认识的出发点上,《中庸》与道家存在值得注意的差异:道家强调"损"("为道日损")、"忘"("坐忘"),其内在含义在于消解、悬置已有的知识经验,从而为通过直觉等方式("静观""玄览")把握道提供前提,《中庸》突出博学,则注重知识的积累性、延续性以及已有知识对新的认识的作用,二者侧重认识过程的不同方面。就学、问、思、辨、行而言,其中包含已知与未知、接受与存疑、思与辨、知与行等多重关系,《中庸》将其联系起来考察,显然注意到认识过程各个环节之间的统一性。

需要指出的是,这里的为学功夫不仅仅涉及狭义的认知,同时包含价值层面的涵养。事实上,儒家一开始就对为学过程作了广义的理解:孔子便将"敏于事而慎于言,就有道而正焉"称之为"好学"①;子夏也认为:"事父母能竭其力,事君能致其身,与朋友交言而有信,虽曰未学,吾必谓之学矣。"②此所谓"学"即包含德性的涵养。本章后面接连提出几个"弗措",既要求个体持之以恒、坚持不懈,又肯定了为学的过程性,而"人一能之己百之,人十能之己千之",不仅仅确认了个体努力的必要性,而且强调了这种努力的持久性,后者同样以为学的过程性为前提。

原文:

自诚明,谓之性。自明诚,谓之教。诚则明矣,明则诚矣。

释义:

"自诚明"是指由诚到明。相对于"明"而言的"诚",主要指完善的德性,相对于"诚"的"明",则主要指理性的自觉。"诚"有不同的层面,"自诚明"之"诚"侧重于本然之善,其实质所指,是善的潜能或可能形态的德性,由诚而明,也就是经过理性的明觉,本然或可能形态的德性化为自觉形态的德性。后来王阳明区分良知的本然形态与明觉形态,提出通过致良知的过程,化本然之知为明觉之知,这一进

---

① 《论语·学而》。

② 《论语·学而》。

路可以看作是以上思想的发展。"自明诚"更多地与教育、学习过程联系在一起，亦即通过外在的教化与自我的学习、涵养，进一步提升、发展内在的德性。自诚明与自明诚是一个互动的过程，其中隐含着真与善、德性涵养与理性自觉的互动。

原文：

唯天下至诚，为能尽其性；能尽其性，则能尽人之性；能尽人之性，则能尽物之性；能尽物之性，则可以赞天地之化育；可以赞天地之化育，则可以与天地参矣。

释义：

这一章涉及个人与社会、自我与他人以及更广意义上人与世界之间的关系，从一个方面体现了儒家的形上学。"至诚"是德性的完美形态；"尽其性"既是对自我德性反省，也意味着化德性为德行；以上的反省与实践，一方面构成认识他人的前提，另一方面在实践意义上影响他人，这也就是所谓"尽人之性"。在认识自己与作用自己、认识他人与作用他人的基础上进一步展开的，则是对世界的认识与作用过程（"尽物之性"）。正是基于以上过程，人参与了现实世界的形成，所谓"赞天地之化育"便强调了这一点，这种参与使人不同于消极地适应世界，而是同时成为现实世界的积极一员（"与天地参"）。这里蕴含的本体论前提，是人之外的本然存在与人生活于其间的现实世界之区分。现实世界不能等同于本然的自在之物，事实上，"赞天地之化育"的实质，就在于化本然存在为现实世界，而这一过程始终包含人的参与。总之，人生活于其间的世界的建构过程与人的实践过程是不可分的，人与世界的统一首先在于人参与了这个世界的形成过程。现实的世界既具有实在性，也包含价值之维。《中庸》对人与世界关系的理解,显然不同于超验的形而上学,这与前面提到的"道不远人"之说也前后一致。从尽己之性、尽人之性、尽物之性到"赞天地之化育",也可以看作是学、思、问、辨、行的具体展开。

原文:

其次致曲。曲能有诚,诚则形,形则著,著则明,明则动,动则变,变则化。唯天下至诚为能化。至诚之道,可以前知。国家将兴,必有祯祥。国家将亡,必有妖孽。见乎蓍龟,动乎四体,祸福将至:善,必先知之;不善,必先知之。故至诚如神。

释义:

"曲"指的是从某一个方面入手,以达到诚的境界;"诚则形"表现为德性展开于外在的实践过程,从而使德性得到具体的展示("著");基于这一切践履的过程,道德的自觉也得到进一步提升("明"),由"著"至"明",意味着道德自觉以道德实践为其现实之源。"动"在此指对他人与外物的影响,"变"表示由此形成的对象的改变,"化"则包含着潜移默化的影响。由自我到他人和世界,从化己到化人、化天下,展开为一个自我与社会、人与世界的相互作用过程。

当然,由人与世界的互动,作者进一步引向"国家将兴,必有祯祥"之类的天人感应观念,则似乎又陷入了思辨的幻觉。这里同时表现出对道德之境的过于渲染:在作者看来,如果达到至诚的境界,人与天之间便可以形成神秘的感应关系。在这方面,《中庸》无疑又表现了儒家神秘主义这一面。

原文:

诚者自成也,而道自道也。诚者物之终始,不诚无物。是故君子诚之为贵。诚者,非自成己而已也,所以成物也。成己,仁也;成物,知也。性之德也,合外内之道也,故时措之宜也。

释义:

"诚者自成",侧重于道德涵养与自我努力的联系,与孔子"为仁由己"思想彼此一致;"道自道"中后一"道",有"引导"之意,它肯定德性的完善过程以自我引导、自我要求为内容,非完全取决于外在规范的约束。这里进一步从本体论与价值论两个方面对"诚"作了界说:"诚者物之终始,不诚无物"主要是在本体论上说的,这里的"诚"表示的是实在性(与虚幻或虚妄相对),后来王夫之也在此意义上运用"诚"的概念;"故君子诚之为贵"中的"诚",则与人的品格、行为相联系,包含价值论含义(表示德性与行为的真诚)。作者肯定了"诚"的实在义与"诚"的真诚义彼此相关,其中也蕴含了本体论与价值论的统一。"成己"主要指向自我的完善,这一自我完善的过程同时表现为以仁为根据自我塑造,从而体现了仁的原则;"成物"在广义上既指成就他人,也指成就世界(赞天地之化育),二者都以尽人之性与尽物之性为前提,涉及广义的认识过程(知)。当然,成人与成物、仁与知并非彼此分离,前面对尽己之性、尽人之性、尽物之性之间相关性的肯定已表明了这一含义。成己即展开于成物的过程,成物的过程也包含成己,二者的这种统一构成"合内外之道"的具体内涵之一。而无论是成己,抑或成物,都离不开具体的历史条件,所谓"时措之宜",便着重提示了这一点。

原文:

故至诚无息。不息则久,久则征,征则悠远,悠远则博厚,博厚则高明。博厚,所以载物也;高明,所以覆物也;悠久,所以成物也。博厚配地,高明配天,悠久无疆。如此者,不见而章,不动而变,无为而成。天地之道,可壹言而尽也:其为物不贰,则其生物不测。天地之道,博也,厚也,高也,明也,悠也,久也。今夫天,斯昭昭之多,及其无穷也,日月星辰系焉,万物覆焉。今夫地,一撮土之多,及其广厚,载华岳而不重,振河海而不泄,万物载焉。今夫山,一卷石之多,及其广大,草木生之,禽兽居之,宝藏兴焉。今夫水,一勺之多,及其不测,鼋鼍、蛟龙、鱼鳖生焉,货财殖焉。《诗》云:"惟天之命,于穆不已!"盖曰天之所以为天也。"于乎不显,文王之德之纯!"盖曰文王之所以为文也,纯亦不已。

释义:

　　本章从人道与天道的双重角度继续阐发有关"诚"的思想。如上所述,天道意义上的"诚"表示存在的实然状态,人道意义上的"诚"则关乎人的存在的境界、人的行为方式。"至诚无息"既指天地万物变化不断的过程,又指成己与成物过程的绵延不息,表明世界之在与人自身的存在并不是固定不变的,而是展开为一个无止境的发展过程。悠远与高明也是从以上两个方面来说的。从天道看,天地"博厚""高明",隐喻世界在空间上的广大以及天地间万物的无限、多样,"悠远"则表示世界在时间上的永恒性,以及与此相关的万物化生的永无止境。从人道看,至诚之境与天地的"博厚""高明""悠远"有着一致性:作为德性涵养的境界,它意味着在精神的层面不断超越有限,达到无限。"不见而章,不动而变,无为而成",表面德性的呈现(彰显)、影响、凝聚,都是一个自然而然的过程,它与前文所说的"不思不勉,自然中道"相一致。作为"天地之道"的体现,"为物不贰"体现了存在的统一性、稳定性,"生物不测"则展示了事物变动不居的一面;前者肯定了存在过程中包含必然性,后者则蕴含着对偶然性的确认。

不难看到,天道与人道、必然与偶然的统一,构成《中庸》形上学的重要内容。

原文:

　　大哉圣人之道! 洋洋乎! 发育万物,峻极于天。优优大哉! 礼仪三百,威仪三千,待其人然后行。故曰:苟不至德,至道不凝焉。故君子尊德性而道问学,致广大而尽精微,极高明而道中庸,温故而知新,敦厚以崇礼。是故居上不骄,为下不倍。国有道,其言足以兴;国无道,其默足以容。《诗》曰:"既明且哲,以保其身。"其此之谓与!

释义:

　　这一章转而讨论圣人之道。作者首先肯定了圣人之道在成己与成物过程中的作用,由此,再一次强调礼制的推行与人无法分离:礼的运作离不开实施礼的人。从人的主导性出发,作者进一步讨论了"尊德性"与"道问学"的关系问题。与确认由诚而明、由明而诚的互动相应,作者肯定了"尊德性"与"道问学"之间的统一。宽泛而言,"尊德性"以人格的完善为出发点,"道问学"则侧重于由知而入德,在《中庸》那里,二者又彼此相关。然而,儒学后来的发展似乎表现出不同的趋向,在宋明理学那里,便不难注意到这一点:相对于程朱对道问学的关注,陆王似乎较多地偏向于尊德性。

　　与德性和问学之辩相联系的是"极高明而道中庸",后者从形而上的层面对中庸的观念作了进一步的阐发。"极高明"表现为终极性的价值关切和价值追求,"道中庸"则强调通过日用常行以实现这种价值的关切,它以集中的形式体现了早期儒家将终极的关怀与日常存在联系起来的进路。终极关怀固然包含对日常存在的超越,但这种超越并不离开日常的生活。"致广大"与"极高明"具有一致性,二者都内含着对理想之道的关切;"尽精微"则可以看作是"道中庸"的展开,它更多地要求深入到具体的现实存在。从另一方面看,广大与精微同时体现了广度与深度的统一。本章所说的"温故而知新"是对孔子思想的发挥,其中既体现了文化积累与文化创新的统一,也包含着对文化的传承性与历史性的关注。"敦厚以崇礼"展现了内在德性(敦厚之德)与外在规范(尊重礼)的统一。最后引《诗经》之语,强调现实处世方式的理性态度与灵活性。面对"有道"与"无道"的不同存在背景,可以采取"言"与"默"等不同的应对方式:政治清明(有道)之时,可选择以"言"兴邦;政治黑暗(无道)之时,则可选择"默"以全身。这里既体现了"道"与日用之间的联系,也表现了儒家思想中现实、理性的一面。

原文:

　　子曰:"愚而好自用,贱而好自专;生乎今之世,反古之道。如此者,灾及其身者也。"非天子,不议礼,不制度,不考文。今天下车同轨,书同文,行同伦。虽有其位,苟无其德,不敢作礼乐焉;虽有其德,苟无其位,亦不敢作礼乐焉。子曰:"吾说夏礼,杞不足征也。吾学殷礼,有宋存焉;吾学周礼,今用之,吾从周。"

释义:

　　本章引孔子之语,首先批评了与"诚"相对的主观独断的现象,同时强调在治国的过程中要尊重历史经验,体现了政治领域中的历史观念。这些看法从古今关系的角度,展开了中庸的思想。在社会的体制、原则层面,作者认为礼(体制、规范)、度(普遍的标准)、文书之式等只能由最高统治者(天子)来制定,这可以看作是以人治国思想的强化,其历史局限性是显而易见的。不过,作者同时肯定了德与位的统一,以此作为治国的前提条件,这与前文仁与礼统一的思想前后相承,体现了以人的内在品格制衡外在体制的思想趋向。最后又引孔子之语,一方面表现了对礼的推崇,另一方面体现了对历史根据的注重。本章中"今天下车同轨,书同文"等句可能是后人加入,它使《中庸》的成书时代的确定变得较为复杂。

原文:

王天下有三重焉,其寡过矣乎! 上焉者虽善无征,无征不信,不信民弗从;下焉者虽善不尊,不尊不信,不信民弗从。故君子之道,本诸身,征诸庶民,考诸三王而不缪,建诸天地而不悖,质诸鬼神而无疑,百世以俟圣人而不惑。质诸鬼神而无疑,知天也;百世以俟圣人而不惑,知人也。是故君子动而世为天下道,行而世为天下法,言而世为天下则。远之则有望,近之则不厌。《诗》曰:"在彼无恶,在此无射,庶几夙夜,以永终誉!"君子未有不如此而早有誉于天下者也。

释义:

这一章讨论君主治理天下的不同环节,其中既有制度方面,如礼仪、制度,又涉及语言、文书(考文)。对《中庸》而言,一种社会制度的建立,既需要形式化、程式化的制度担保,又要通过语言、文书等手段和形式来达到人与人之间的沟通、协调。王道理想的实现具体涉及多重内容,包括最高统治者自身的作用("本诸身"),取信于民("征诸庶民""不信民弗从"),政治决策要有历史根据("考诸三王而不缪"),并诉诸形而上的超验的根据("建诸天地而不悖,质诸鬼神而无疑"),最后,还需经得起未来的历史检验("百世以俟圣人而不惑")。这里再一次肯定了政治人物个人德性与品格的重要性:一个理想的统治者,其举措应具有引导人的意义("动而世为天下道"),其行为应可以成为人效法的榜样（"行而世为天下法"），其言论可以确立为普遍准则（"言而世为天下则"）。与此相联系的，是政治实践与人格的力量之间的统一。

原文：

仲尼祖述尧、舜，宪章文、武；上律天时，下袭水土。辟如天地之无不持载，无不覆帱；辟如四时之错行，如日月之代明。万物并育而不相害，道并行而不相悖，小德川流，大德敦化。此天地之所以为大也。

释义：

本章通过对孔子的赞美，首先表现了对文化发展过程中历史延续和承继的注重："祖述尧、舜，宪章文、武"的历史意义，就是对已往文化发展的承继。同时，这里也体现了对自然法则的尊重："上律天时，下袭水土"的实际含义，就是遵循天地之道（自然法则）。这里更为值得注意的是作者所表达的如下思想："万物并育而不相害，道并行而不相悖"。

先看"万物并育而不相害"。这一命题既有本体论的含义，也有价值观的意蕴。在本体论上，它意味着对象世界中的诸种事物都各有存在根据，彼此共存于天下；换言之，对象世界的不同存在物之间具有一种相互并存的关系。在价值论上，"万物并育而不相害"则涉及不同的个体、群体（包括民族、国家）之间的共处、交往问题，它以承认不同个体的差异、不同社会领域的分化为前提。个体的差异、不同社会领域的分化是一种历史演化过程中无法否认的事实，如何使分化过程中形成的不同个体、存在形态以非冲突的方式共处于世界之中，便成为"万物并育而不相害"所指向的实质问题，后者同时从形而上的层面，涉及社会的"和谐"。从引申的意义上看，这里重要的是在利益关系上获得共同之点,以此作为达到"并育而不相害"的基本社会前提:当个体之间、社会集团之间在利益上彼此冲突时,达到"万物并育而不相害"或社会的和谐是非常困难的。在这里,所谓"万物并育而不相害",即是保证每一个体、每一社会阶层或社会集团都有自己生存的基本空间;反之,如果剥夺或限定不同个体、社会阶层的生存、发展空间,社会成员之间的和谐就只能是空谈。

与"万物并育而不相害"相联系的是"道并行而不相悖"。"道"在儒家哲学中不仅被理解为天道(存在的根据或存在的法则),也含有理想、价值原则等社会、文化的意义;"悖"是彼此的对立、冲突。"道并行而不相悖",意味着不同的价值理想、价值观念不应仅仅导向彼此的冲突。在社会领域中,只要不同的个体、阶层存在,价值观念上的差异就难以避免;试图使每一个体认同绝对同一的价值观念,显然是行不通的。在此,问题不在于用独断的方式消除价值观上的差异,而是在差异业已存在的背景下,妥善地看待与处理这种差异。"道并行而不相悖"当然并不是在价值观上主张相对主义,这里的内在含义,是以宽容的原则对待不同的价值观念。一方面,它并不否定价值原则的普遍性,相反,与利益关系上确认共同点、相关性相应,它也肯定历史的演进过程中存在普遍的价值原则;另一方面,它又要求以非独断的方式来对待不同观念,后者与《中庸》所肯定的"恕"的观念(己所不欲,勿施于人)前后一致。

原文:

唯天下至圣,为能聪明睿知,足以有临也;宽裕温柔,足以有容也;发强刚毅,足以有执也;齐庄中正,足以有敬也;文理密察,足以有别也。溥博渊泉,而时出之。溥博如天,渊泉如渊。见而民莫不敬,言而民莫不信,行而民莫不说。是以声名洋溢乎中国,施及蛮貊。舟车所至,人力所通;天之所覆,地之所载;日月所照,霜露所队。凡有血气者,莫不尊亲,故曰配天。

释义:

本章主要讨论至圣、至诚的品格及其影响,对圣人气象作了多方面的描绘。"聪明睿智"强调的是知,它更多地呈现为理性的品格;"宽裕温柔"涉及内在的情感;"发强刚毅"则展现为坚韧的意志品德;"齐庄中正"是形之于外的庄重之貌,表现为合乎礼的外部形象;"文理密察,足以有别"不仅关乎理性的分辨,而且涉及对具体存在情景的把握,后者与"时"的观念相通。从人格形态看,这里包括智、情、意的交融,而在这种交融之后,则是追求真善美的价值取向。同时,人格又涉及内在品格与外在人格形象的统一,而这种统一所蕴含的实质观念,则是德性(道德意识)与德行(道德实践)的并重。此外,作为完美人格,圣人既确认普遍的价值原则,又与"时中"观念相联系而注重具体的情景分析。在《中庸》的作者看来,上述意义上的"至圣"之人,将形成广大而深远的精神影响。

原文:

唯天下至诚,为能经纶天下之大经,立天下之大本,知天地之化育。夫焉有所倚?肫肫其仁!渊渊其渊!浩浩其天!苟不固聪明圣知达天德者,其孰能知之?

释义:

本章讨论了普遍原则的制定、把握与运用过程,认为只有达到至诚之境的人,才能制定这样的原则或准则。"天下之大经"涉及政治、伦理的基本原则,"天下之大本"则是上述原则的普遍根据,"知天地之化育"是指对自然法则的理解。"夫焉有所倚",意味着不能仅仅依赖、停留在日常经验上,应该立足于此但又超越于此,这种基于日用常行又超越日用常行的境界,便是至诚之境。"渊渊其渊"为深沉貌,隐喻历史中的绵延;"浩浩其天"是就广度而言,同时隐喻普遍性:二者既是对至诚之境的精神内涵的描述,又蕴含着对"大经""大本"形上意义的确认。从历史的层面看,伦理、政治等基本价值原则的形成,往往以社会文化发展本身的历史需要以及文明成果的积累为前提。作者所提及的"至诚""圣知达天德"既表现为道德之境,也包含着对文明成果的承继与把握。与之相应,以"至诚""圣知达天德"为"经纶天下之大经,立天下之大本"的必要条件,似乎也从一个方面注意到了价值原则与社会文明发展之间的联系。

原文:

《诗》曰:"衣锦尚絅。"恶其文之著也。故君子之道,暗然而日章;小人之道,的然而日亡。君子之道,淡而不厌,简而文,温而理。知远之近,知风之自,知微之显,可与入德矣。

《诗》云:"潜虽伏矣,亦孔之昭!"故君子内省不疚,无恶于志。君子之所不可及者,其唯人之所不见乎。《诗》云:"相在尔室,尚不愧于屋漏。"故君子不动而敬,不言而信。《诗》曰:"奏假无言。时靡有争。"是故君子不赏而民劝,不怒而民威于铁钺。《诗》曰:"不显惟德,百辟其刑之。"是故君子笃恭而天下平。《诗》云:"予怀明德,不大声以色。"子曰:"声色之于以化民,末也。"《诗》曰:"德輶如毛。"毛犹有伦。"上天之载,无声无臭",至矣。

释义:

本章首先引用《诗经》,以表明君子品格的特点是充实于内而形之于外,他不刻意炫耀,却形成广泛、深远的影响,这与缺乏内在德性而仅仅在表面上张扬的小人之道形成了对照。君子的这种人格特征与《中庸》反复强调的中庸之道与至诚之境是一致的。这里同时谈到君子之道的具体表现形式,所谓"淡而不厌,简而文,温而理"。平淡往往容易使人厌倦,简朴常常会忽视必要的修饰,随和(温)则每每容易因纲纪不严而导致无序(与秩序井然意义上的"理"相对),君子之道则表现为在两极之间保持适当的度,从而达到一种内在的统一形态。对君子之道的以上描述,其意义当然并不限于处理淡与不厌、简与文、温与理等特定的关系,它更内在的含义,在于从人格的层面进一步阐发中道思想以及中道之中所包含的"度"的观念。

本章还包括郑玄所谓"三知",即"知远之近,知风之自,知微之显"。对"远"的把握源于"近"(由近推知远),对风的把握在于了解其起于何处,对内在规定的认识,需要从呈现于外的现象入手。所谓"近",既包括时间上的此时(当下),也涉及空间上的此地,"远"则相应地兼指时间上的过去或未来,以及空间上的远处;"风"之所自,关乎事物之源;微与显则牵涉外在呈现与内在规定之间的关系。与之相联系,"三知"所涉及的,是事物存在的时间关系与空间关系、事物存在之源或根据、外在现象与内在本质等关系,在《中庸》看来,唯有把握了这些关系,才能真正达到君子之德。由此不难看到,《中庸》所理解的德性,并不仅仅限于伦理的品格,而且包含更深刻意义上的智慧:对以上关系的把握,便渗入形上的智慧。

在第二段中,作者进一步从不同方面对君子的内在人格以及他的社会影响作了考察。君子总是首先确立善的定向,由此保证内在动机的始终端正,所谓"内省不疚,无恶于志"。正是内在的道德定向,使君子高于常人(为人"所不可及")。善的定向体现于日常言行,往往对人形成深沉的感染力量,从而使君子虽"不动"而为人所敬,虽

"不言"而能获得他人信赖。君子的人格力量体现于政治、伦理实践，便表现为：无须物质的奖励，民众便接受其引导而自然向善；温和待人（不怒），而民众却能够感受到其正气凛然的内在威严。这种人格的影响，对人形成的是无形的感化。它超越了外在的说教、强制的规范，展现为至上的道德之境，所谓"无声无臭，至矣"，便是对以上境界的描述。

要而言之，《中庸》以中道和诚为其核心的观念，中道不仅蕴含了把握"度"的原则，而且展开为形上与形下、人与世界、日用与道之间的统一；"诚"则既表现为天道意义上实在性，也构成了人道意义上的道德之境。对君子与圣人的考察，进一步从人格的层面将以上观念具体化了。

后　记

　　本书原以《孟子新论》为题,由台湾开今文化出版社于 1993 年出版。1994 年,广西教育出版社出版了简体字版,书名为《孟子评传》。2004 年,韩国学者将其译为韩文,作为米达斯丛书(Midas Books)系列之一,出版于韩国首尔。相对于专业性较强的哲学史著作,本书在形式上试图避免过多的引文及艰涩的术语,尽可能以较为易于理解的方式,对孟子的生平与思想加以评述。当然,避免专业的艰涩,并不意味着离开学术自身的内在要求;运用易于理解的表述方式与保持思想的深入性,并非彼此排斥。

　　此次重版,除了个别词句的修正之外,未对内容与结构作实质的改动。为使读者对孟子的思想背景有更具体的了解,书后增补《政道与治道》《孟荀:儒学衍化的二重路向》《儒家与德性伦理》以及《中庸释义》,作为附录。前两篇直接涉及孟子的思想,后两篇则关乎更广的思想背景。作为心性之学的历史源头之一,孟子的哲学与儒家的德性伦理思想有着多方面的理论联系。同时,从历史上看,孟子曾师事子思门人,思孟在思想史上也常常并称。司马迁曾有"子思作《中庸》"(《史记·孔子世家》)之说,今本《中庸》是否为子思本人所作,当然尚可进一步研究,但《中庸》为子思学派的著作,当无可怀疑。就思想的历史衍化而言,了解《中庸》的思想,无疑有助于更深入地把握孟子的思想。与以上事实相联系,在《政道与治道》和《孟荀:儒学衍化的二重路向》之外另增《儒家与德性伦理》和《〈中庸〉释义》作为全书附录,旨在分别从不同的方面,为理解孟子思想提供更具体的背景。

杨国荣

2009 年 3 月 10 日

2021 年版后记

本书作为我的著作集的一种，初版于 2009 年，此次再版，大致保留了原来的内容，没有作实质性变动。

杨国荣

2021 年 2 月 25 日